# 开始界面

- ◀ 开 始 ▶
- ◀ 存 档 ▶
- ◀ 退 出 ▶

# 别让游戏控制孩子
## 父母的干预攻略

波克公益 编著

浙江教育出版社·杭州

# 序 言

随着数字技术的迅猛发展,电子游戏(以下简称"游戏")已成为青少年生活中不可或缺的一部分。然而,如何在享受游戏带来乐趣的同时与学习保持平衡,避免游戏潜在的负面影响,成了一个亟待解决的社会问题。

2021年起,上海波克公益基金会(简称波克公益)发起了"游戏素养计划"公益项目,通过线上录制素养教育课程,线下开展游戏共创工坊,进行游戏素养的科普与传播。在波克公益的"游戏素养计划"之旅中,我们发现了游戏与青少年成长之间复杂而微妙的联系。这本书的创作,源于我们深切的愿望:希望每一位家长、每一位教育者、每一位对未来有梦想的孩子,都能在这个数字化的时代中,找到健康与乐趣间的平衡。通过实地活动、深入交流与共同创造,我们看到了游戏作为教育工具的潜力,见证了家庭内沟通与理解的加深。这段旅程不仅丰富了我们的理论知识,更让我们体会到,游戏素养教育的力量在于它能够搭建起沟通的桥梁，促进理解与共鸣。我们深信，这本书将是那些希望在游戏与教育间寻找平衡点的人们的宝贵资源。

本书深入浅出地介绍了游戏的定义、类型、设计原理以及如何评价一个游戏的优劣。更重要的是，书中设有专门章节，讨论了游戏与青少年心理、社会行为的关系，探索了游戏化教育的可能性。我们还提供了实际案例和操作性强的活动指南，旨在帮助青少年在实践中提升游戏素养。

在编写这本书的过程中，我们深刻感受到游戏文化的多面性和复杂性。游戏不仅仅是一种娱乐方式，也是一种文化现象，对青少年的成长有着深远的影响。每书写一个章节，都是一次深入探索和学习的过程，这让我们更加坚信，正确引导下的游戏教育可以助力青少年的成长。

我们要特别感谢上海市社会工作者协会青少年社会工作专业委员会、中国美术学院社会美育学院以及所有支持和参与"游戏素养计划"的学者、工作人员和志愿者。他们的实践经验和宝贵意见是这本书的灵魂，同时在我们沉浸于编写与研究时，他们给予了我们无限的鼓励。

最后，我们想对每一位读者说：游戏本身并不可怕，关键在于我们如何理解和应用游戏。希望通过本书，可以让更多人和我们一起用科学康的方式，引导孩子在数字时代茁壮成长，在现实世界和虚拟世界中发现更多的可能性与快乐！

上海波克公益基金会

2024 年 7 月

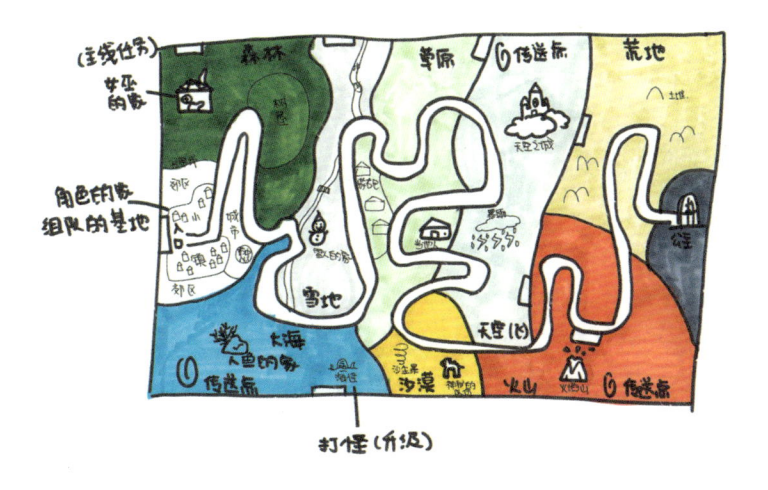

打开微信扫一扫
听 8 节家长课堂

# 目 录

- 001 **第一章 揭开游戏吸引人的秘密**
- 002 　　孩子只想玩游戏，一定是上瘾吗？
- 008 　　什么是"沉迷游戏"？
- 016 　　游戏吸引人的魔力在哪里？

- 027 **第二章 八个锦囊帮助孩子走出游戏沉迷**
- 028 　　锦囊一：孩子已经沉迷游戏了，怎么办？
- 037 　　锦囊二：为何禁止玩游戏会导致孩子产生巨大的情绪变化？
- 044 　　锦囊三：我不懂游戏，怎么跟孩子沟通？
- 051 　　锦囊四：孩子的游戏时间应该怎样安排？
- 059 　　锦囊五：孩子给游戏充值，该怎么办？
- 066 　　锦囊六：怎样让孩子不沉迷不良游戏？
- 078 　　锦囊七：孩子玩游戏分散了学习的注意力，怎么办？
- 087 　　锦囊八：如何让孩子对游戏以外的活动产生兴趣？

- 097 **第三章 聪明的家长活用游戏**
- 098 　　如何为孩子挑选一款合适的游戏？
- 109 　　如何让孩子像玩游戏一样专注学习？
- 123 　　游戏可以成为亲子沟通与学习提升的催化剂吗？
- 128 　　爱玩游戏，能把游戏作为职业发展方向吗？

- 135 　　**后　记**
- 138 　　**附　录**

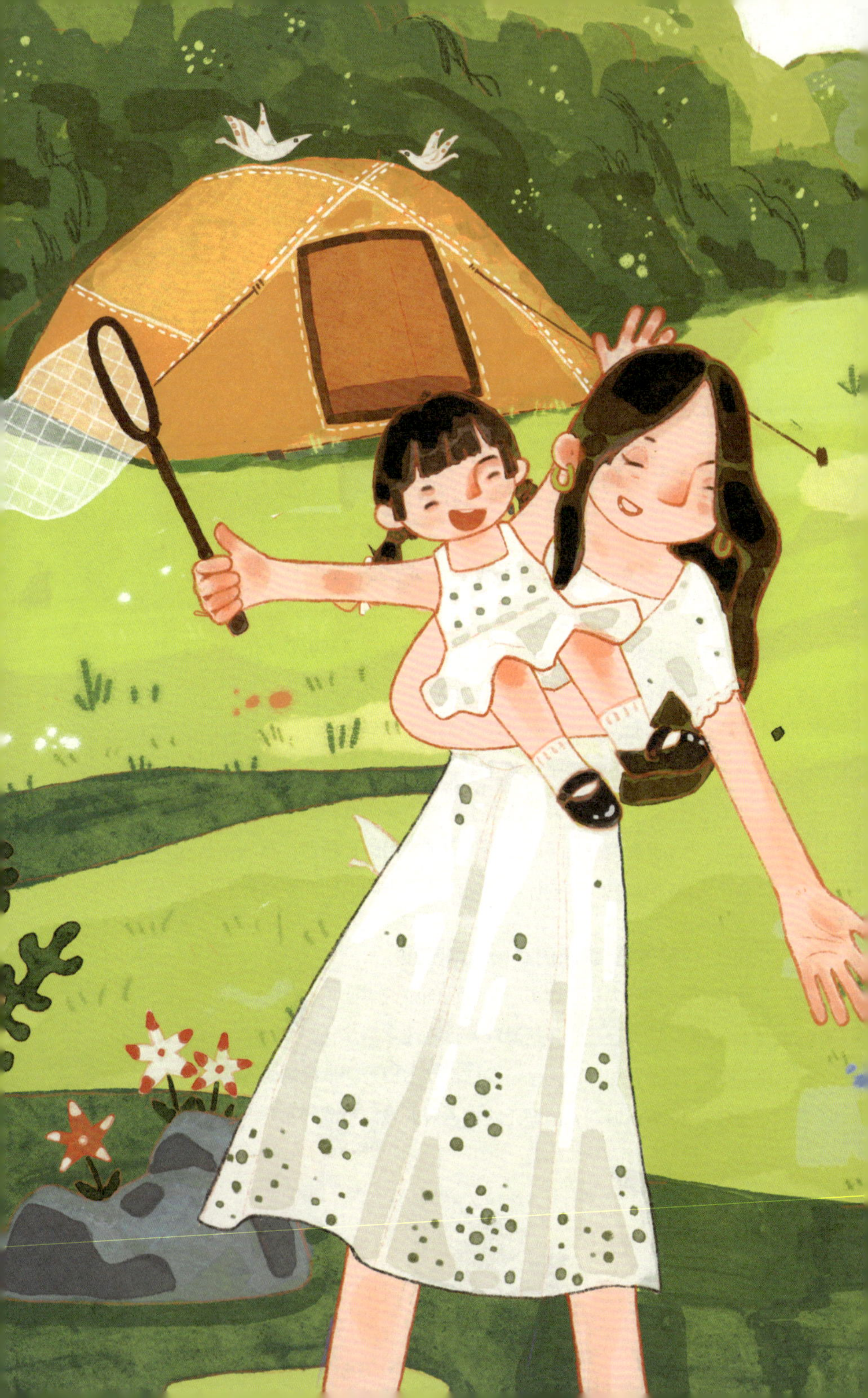

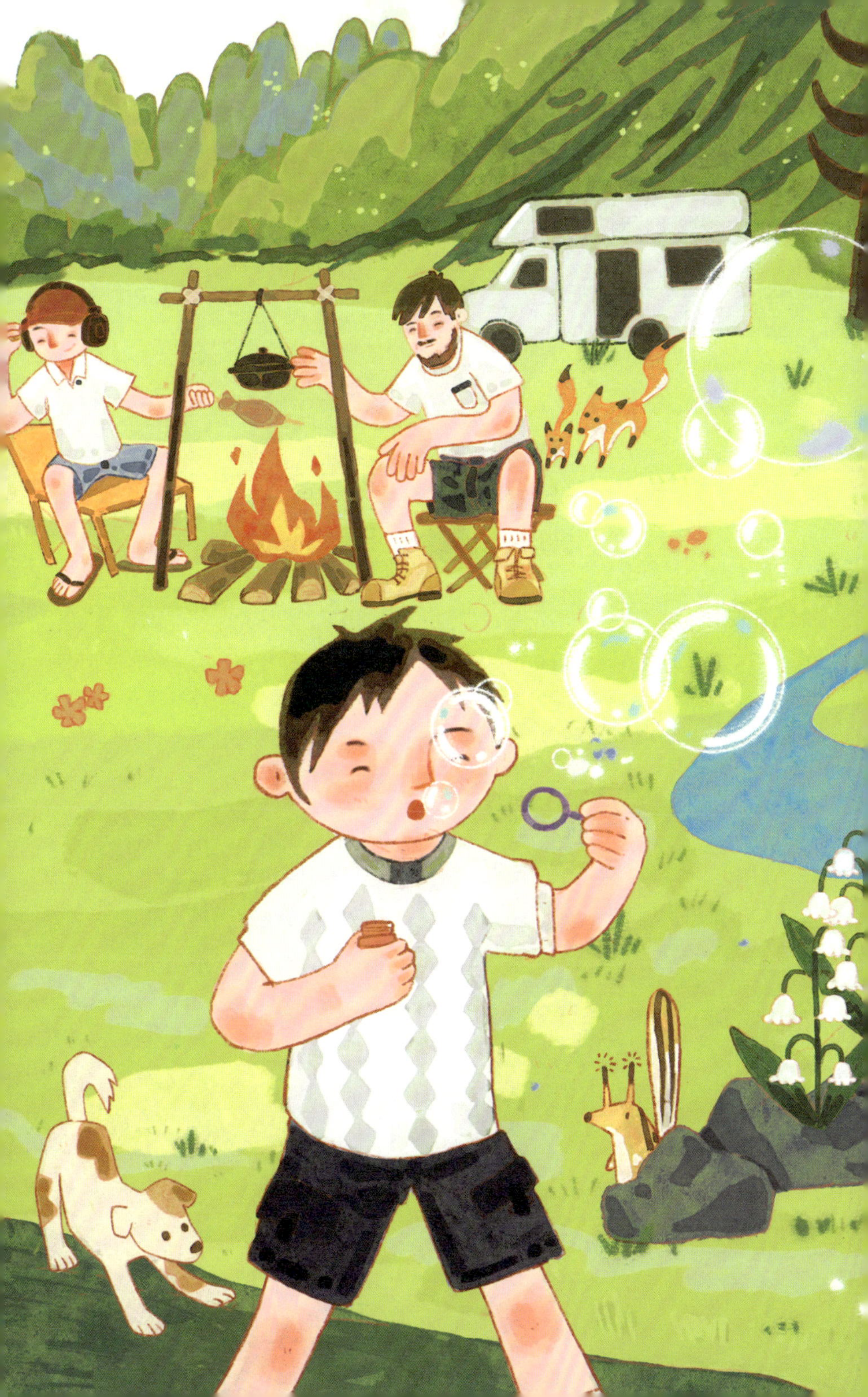

让游戏从孩子成长的绊脚石，
变成成长的垫脚石。

第一章

# 揭开游戏吸引人的秘密

## 孩子只想玩游戏，一定是上瘾吗？

### 大脑的奖赏系统

当孩子在家一直玩游戏，而且越玩越想玩，许多家长的心里都会冒出一个疑问：他是不是玩游戏上瘾了？

在回答这个问题之前，我们需要简单了解一下人类的大脑。

大脑在渴求得到满足时，会分泌一种叫作多巴胺的神经递质，使人产生愉悦感，从而自发地想要重复该行为。在脑科学领域，科学家将这种机制称为"多巴胺奖赏系统"。玩游戏、投球命中、被老师夸奖等事件，都会激活这个系统。不仅如此，当人完成本能需求（例如饥饿时吃到美味的食物）时，也会激活它。在人类进化的几百万年中，多巴胺奖赏系统使人类能够很自然地重复那些符合生存和繁衍本能的行为，这是一种非常强大的能力——说是"神技"也不为过。正是它让我们产生了适应自然环境、维持生存和繁衍的生物学原动力。

但是，这个系统也有受到裹挟和控制的时候。研究表明：成瘾性药物或行为能够从非正常渠道激活该系统，并产生比自然行为所获得的奖赏强烈数倍甚至百倍的快感，使个体产生难以忘怀的体验并逐渐形成依赖。成瘾物质会"劫持"奖赏系统的控制权,让我们产生更高的"渴求"动机,持续不断地想要重复该行为,也就是"上瘾"。

### 孩子为什么会沉迷游戏？

在孩子的日常生活和学习中，能够持续激活多巴胺奖赏系统的行为很少。背诵出一篇文章并得到老师的赞赏、学会一个公式并解出很难的题目、练习一种乐器并登台演出，这些事情的反馈周期很长，需要付出很高的学习成本，还不一定能获得正向的反馈，甚至结果不好时可能还会受到惩罚。久而久之，孩子就会对其产生无助、厌恶甚至恐惧的负面情绪。

---

我平常是不是也可以给孩子一些积极反馈呢？

\* 你可以在空白处写下阅读时的感想

---

而孩子在游戏中获得的体验则大大不同，他们可以很频繁、直接地体会到行动之后的积极反馈。在游戏中，奖赏系统被激活的频率就高得多：角色升级、除掉怪物、获得宝箱等，都会快速、频繁地为玩家提供正向反馈和成就感，不断地让玩家的大脑获得奖赏。

不仅是游戏，任何具备高频率反馈的活动都是如此，比如打篮球、打牌、刷短视频等。这些都是容易让人沉迷的事物，笼统来说，也可以把它们都归为"游戏"。

2021 年，国家相关部门对游戏行业颁布了新规，要求所有游戏产品都要严格限制未成年人的游戏时长。一年过去，根据中国音数协游戏工委 2022 年发布的报告，约 75% 的未成年人每周游戏时长在 3 小时以内，但约 65% 的未成年人在游戏受限后,转而将注意力投入短视频平台。

这说明:如果孩子在生活中缺乏可持续的爱好,即使没有游戏,也会沉迷于其他事物。

孩子沉迷游戏,是因为游戏中有能让他们获得满足的东西。我们应该思考:孩子在游戏中得到了什么,而实际生活中他们又缺失了什么。

## 不要轻易说孩子"上瘾"

"成瘾"在医学上有很明确的定义:个体强烈地或不可自制地反复渴求滥用某种物质或进行某种活动,尽管知道这样做会给自己带来各种不良后果,但仍然无法控制。

真正的成瘾是病理性的，会有明显的"戒断反应"，伴随着明显的病理性指征如流眼泪、瞳孔散大、血压上升、心跳过速等。我们可以在影视剧中看到吸毒者毒瘾发作的症状或一些人犯烟瘾的表现。

绝大多数孩子沉迷游戏，都远远达不到"成瘾"的标准。但面对孩子沉迷游戏的情况，我们往往会因为担忧而恐惧，继而将其曲解或放大，将互联网称为"网魔"，将游戏称为"电子海洛因"。实际上只有客观看待问题，才能真正开始解决问题。

**你记住了吗?**

**Q** 孩子只想玩游戏,一定是上瘾吗?

**A** 大脑的奖赏系统:大脑在渴求得到满足时,会分泌一种叫作多巴胺的神经递质,使人产生愉悦感,从而让人自发地想要重复该行为。

孩子沉迷游戏,是因为游戏中有能让他们满足的东西。我们应该思考:孩子在游戏中得到了什么,而实际生活中他们又缺失了什么。

绝大多数孩子沉迷游戏,都远远达不到"成瘾"的标准。我们只有客观看待问题,才能真正开始解决问题。

## 什么是"沉迷游戏"?

### 何为沉迷?

《论语·述而》中写道:"子在齐闻《韶》,三月不知肉味,曰:'不图为乐之至于斯也。'"

孔子听曲,听得"三月不知肉味",这个典故大家应该都知道。这就是沉迷,连圣人孔子都无法避免。所谓沉迷,不过是一种极度的喜欢和专注,以至于出现强烈的"排他性"——除了这件事之外,什么事情都不想做了。

为什么会这样？原因大概是如下两点：
- 这件事太好了，我太喜欢了；
- 其他事不够好，我提不起兴趣。

家长们都觉得孩子沉迷游戏不好，那沉迷学习好不好？

沉迷本身并没有好坏之分，所谓的好坏是根据"沉迷的对象是否符合社会价值标准"而定的。我们可以试想其他条件都不变，只改变"游戏"这个沉迷对象，将其改为篮球、足球等运动，或手工、画画等艺术创造，那么，我们对于孩子"沉迷"的反感情绪就会明显降低，甚至还会很高兴。

## 沉迷不良游戏的原因

### 什么是不良游戏？

在许多人的观念里，游戏就是网络游戏，其实，网络游戏是电子游戏的分支，而电子游戏又是更广义的游戏的一个分支。从童年玩的踢毽子、跳绳，到训练飞机驾驶使用的模拟器、军事策略用的沙盘推演，都是广义上的游戏。

因为游戏的一个核心作用是帮助玩家模拟现实世界，所以玩家能否通过游戏更好地适应现实世界，就成为评价游戏的重要价值标准。

优秀游戏，能够给玩家带来成长，例如，童年游戏捉迷藏，看起来好像是孩子的把戏，其实能教会孩子遇到危险时最简单、有效的躲藏技能。

体育竞技是更常见的优秀游戏，如奥林匹克运动会，它的英文名称是 Olympic Games，其中的 Game 指的就是游戏。奥林匹克运动会算是全球最知名的游戏之一了。举办奥林匹克运动会最初的目的，就是为了通过虚拟的比拼减少真实的战争。

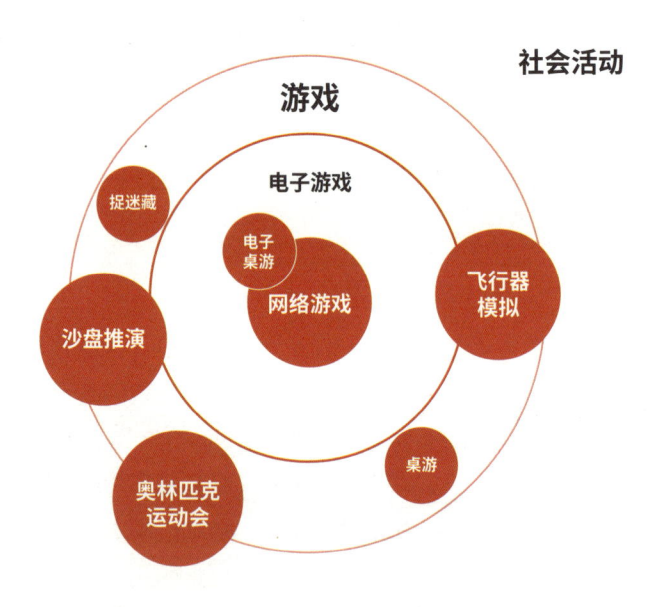

社会活动
游戏
电子游戏
捉迷藏
电子桌游
网络游戏
飞行器模拟
沙盘推演
桌游
奥林匹克运动会

相反，不良游戏不仅没有给玩家带来成长，反而让玩家退步。例如博彩游戏，不仅没有让玩家成长，还可能会让玩家染上赌博的恶习，走上犯罪的道路。

网络游戏作为游戏的一种，自然也可以通过判断它能否帮助孩子适应现实世界来进行优劣的区分。如果孩子玩了某一款网络游戏，没有更热爱学习，没有热爱生活（例如释放压力、迎接新挑战），没有珍视他人（例如对他人的经历产生共情），那么这款网络游戏一定不是什么优秀的游戏。

### 为何沉迷不良游戏？

既然不良游戏对人没什么好处，为什么孩子还那么容易沉迷呢？其实是有具体原因的：

**第一，自制力不强。**

人们常常将孩子沉迷不良游戏的原因归结于他们的自制力不强。其实，自制力作为人们抵抗不良事物的一种能力，并不是天生的，也不能从体验优秀事物中获得，只能通过和不良事物对抗而慢慢锻炼出来。类似于人体的免疫力，经过病毒的侵犯之后，免疫系统会产生抗体对抗病毒，从而提高免疫力。

孩子面对不良游戏没有自制力，恰恰是因为他还没有对不良事物形成足够的理解和经验，所以自制力还没有产生。

第二，互联网信息过载。

我们每天都需要在高度分散的信息环境中找到专注与平衡，不仅要完成公司的工作，还要应对生活中各种琐事的干扰，如预约体检安排、及时回复家长群的消息、交水电费等。这些事件都很容易让我们分心。

如今，游戏公司会发布各种针对年轻人的广告。甚至孩子上网课、用手机的时候，都有可能看到新游戏上新了什么活动，有什么折扣。所以，信息过载本身就更容易导致失控。

**第三，不良游戏的设计机制让人沉迷。**

社交是人的本能需求，现在大多数产品的开发商都知道社交需求是很容易赚钱的，不良游戏的开发商也知道。所以不良游戏大量侵入孩子的社交网络，例如，要求孩子必须转发邀请十几个朋友来玩，才能获得某个道具；或转发到社交平台才能获得高级道具。如果孩子没有某个大家都有的道具，或者没有做类似的事情，就会觉得自己在朋友圈中显得格格不入。

家长们常常痛斥的一些不良游戏，主要通过占用玩家的时间来获得盈利，会让孩子浪费很多时间去做无意义的事情。还有一类更危险的不良游戏，会窃取个人信息，甚至手把手教孩子如何获取家长的银行卡信息。这类游戏是没有道德底线的，目的就是诱骗没有判断力的未成年人。家长们一定要提高警惕，因为它们往往容易被忽略。

## 如何让孩子不再沉迷不良游戏？

预防孩子沉迷不良游戏的基本原则是以孩子为中心，尊重、理解和聆听孩子的需要。

人类在 15 岁以前自控力是相对有限的，这是大脑发育的基本规律。在这个阶段，我们应该秉持"温和而坚定"的态度，而不是用粗暴的方式强行制止或呵斥——那样做只会激起孩子的抵触心理。

价值观和是非观是逐渐形成的。所以,作为家长,最重要的是真正有效地投入时间和耐心,陪伴和帮助孩子一起找到并获得他们想要的东西,让"多巴胺奖赏系统"在他们的生活中发挥更积极的作用。只有这样,才能激发孩子在生活中的其他事情上找到自信和热情。

## 你记住了吗?

**Q** 什么是不良游戏?

**A** 优秀游戏,能够给玩家带来成长,不良游戏不仅没有给玩家带来成长,反而让玩家退步。

**Q** 为何沉迷不良游戏?

**A** 第一,自制力不强。
第二,互联网信息过载。
第三,不良游戏的设计机制让人沉迷。

**Q** 如何让孩子不再沉迷不良游戏?

**A** 预防孩子沉迷不良游戏的基本原则是以孩子为中心,尊重、理解和聆听孩子的需要。

## 游戏吸引人的魔力在哪里？

> 游戏的魔力

沉迷游戏这个问题，可以分成两头来看：一头是沉迷游戏的人，他的心理是怎样的、需求是什么；而另一头自然是游戏本身，游戏是怎么让人欲罢不能的。

我们先来看看游戏让玩家收获了什么。可能有人会说"收获了近视眼"，有人会说"收获了快乐"。其实，归根结底，玩家收获的是成就感。游戏能让人获得成就感，而且通过不同的游戏题材或形式，可以提供几乎任何形式的成就感，比如：挑战自我、获得社交认同、满足收集爱好，等等。

不过，只有游戏能让人获得成就感吗？很显然，这个答案是否定的。学习、看书、工作、体育锻炼都能给人提供成就感。那为什么偏偏游戏的魔力这么大，能让人废寝忘食？

这就要说到游戏的本质。如果用一句话定义游戏，那就是有规则、有明确指向结果的行为。

听起来很简单、平常，对吧？其实不然，学习、看书、工作、锻炼可能有明确的规则，但是未必会有一个明确指向的结果。人们不会因为做了 10 本练习题，考试就一定能得 100 分；不会因为锻炼了 3 个月，百米赛跑就一定能跑快 1 秒；更别提有很多事情可能连规则都是因人而异的。

## 成就感的部分来源

学习　　看书　　工作

体育运动　　游戏

而游戏作为一个有统一规则、有明确指向结果的行为，恰恰因为规则的明确、目标的清晰，使玩家可以预期自己付出多少时间和努力就能获得怎样的回报。而这种能在付出之后很快且很明确地得到反馈，并知道自己将有什么收获的互动机制，有一个术语，叫"即时反馈"。这是玩家在游戏里获得成就感的重要途径，也是游戏乐趣的主要来源。

学习、健身之所以让许多人感觉枯燥，很难自觉地坚持下去，就是因为我们不确定自己的付出能收获什么样的回报。假如，学生做了5套卷子，期末考一定会得满分；或者每个学生的头上有一段经验条，看一本书、解一道题可以获得经验值，当经验条满值时，学习技能就会升级，那么沉迷学习的人可能不比沉迷游戏的人少。只不过，这只是个假设。

而在游戏中，这些都能够实现：用鼠标点击人物或释放技能，游戏场景会立即做出反应；玩家花了半个小时打怪升级，获得了一定的经验值，就一定能升到对应的级别；与非玩家角色（NPC）对话，一定能得到我们需要的信息……不仅仅是电子游戏，下象棋、打牌等传统的游戏，也因为有良好的即时反馈，所以能让玩的人收获快乐。其实，大部分娱乐方式都利用了即时反馈能给人带来满足感、成就感的特点。

那为什么当人们说沉迷游戏时，通常都是特指电子游戏，而不是下象棋这一类游戏呢？原因在于电子游戏作为声光电结合的一种载体，大到贯穿整个游戏的目标，例如闯关升级、打败最终大头目（Boss），小到几秒钟的交互行为，例如释放技能、点击对话，都能通过画面、音乐和动态效果，无时无刻不给人即时反馈。

以大家耳熟能详的《超级马里奥》游戏作为例子：
· 马里奥吃掉一个蘑菇，身体就能变大，这就是游戏中的即时反馈；
· 马里奥触碰怪物，身体就会变小，这也是游戏中的即时反馈；
· 马里奥打败最终大头目，旗帜降下来，救出传说中的公主，则是让玩家最有成就感的时刻。

为了追求游戏中的成就感，玩家会不断提升自己的技能。游戏中设置的排行榜、积分榜等更是刺激着玩家不断努力的因素。

这种信息量和表现效果，是下棋之类的传统娱乐方式难以比拟的。同时，随着个人电脑、智能手机以及互联网等的普及，游戏能随时随地、几乎零成本地传播和开展，吸引人们投入其中。而下象棋，则需要准备棋盘和棋子，并且找到一名对手，双方面对面坐下，这样开展游戏的门槛比电子游戏的高多了。

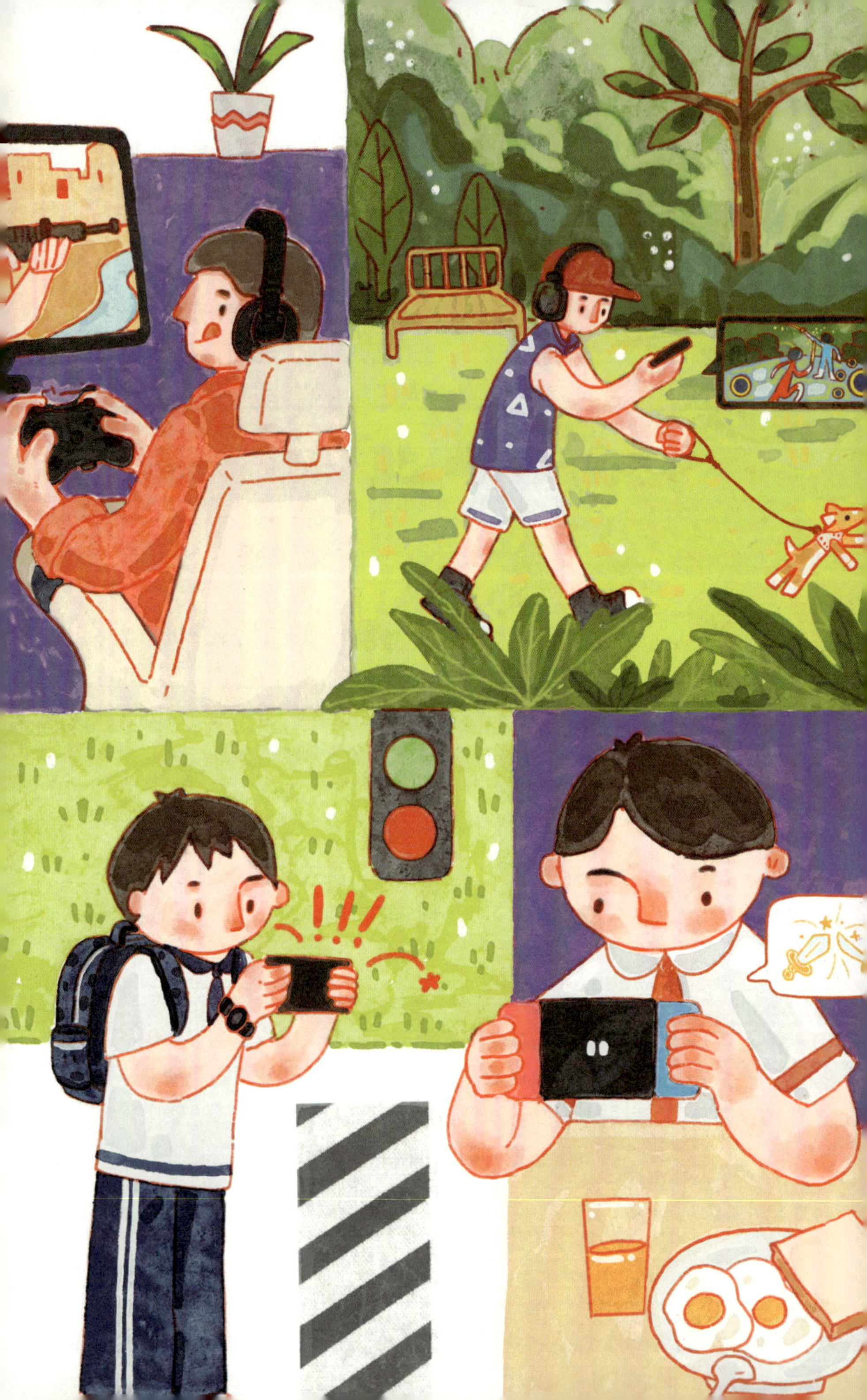

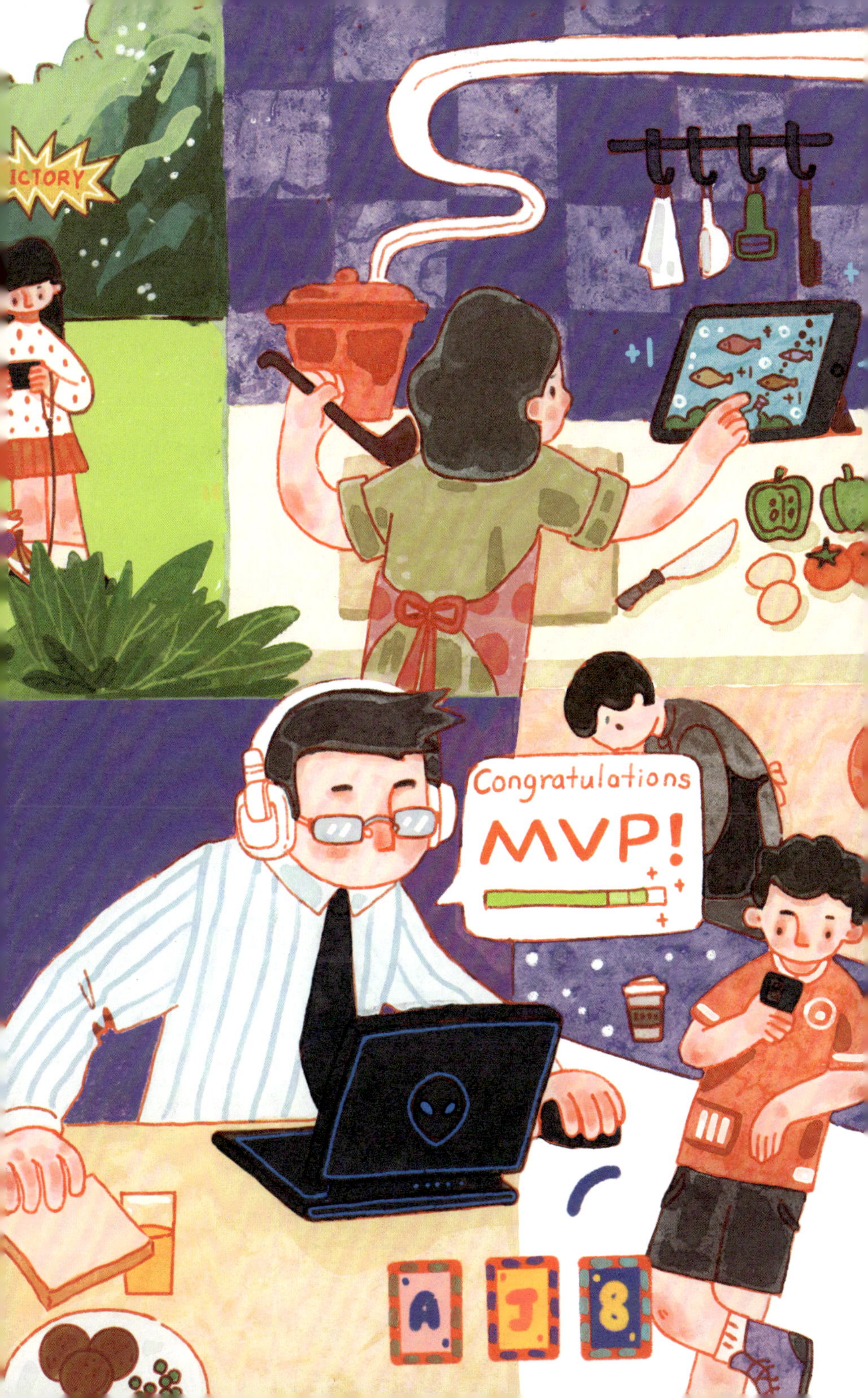
ICTORY
Congratulations
MVP!
A
J
8

综上所述，为什么游戏具有这么大的魔力，能让许多人不能自拔？因为游戏中的即时反馈能明确提供人人都需要的成就感，而且互联网等媒介让这种行为几乎可以随时随地发生。

## 如何破除游戏的魔力？

到这里，关于游戏吸引人的魔力究竟是什么，已经讲得差不多了。大家肯定还有一个问题——如何破除这种魔力？

为了解决这个问题，我们可能会想：能不能从游戏的角度破除这种魔力？能不能在设计游戏时，削弱给予玩家的即时反馈？

可是，如果一款游戏没有即时反馈，没有明确的规则和胜负条件，获得结果的时间不确定且比较久，这还是游戏吗？

即便真的设计出了这样的游戏，它能不能有助于解决这个问题呢？答案是能，也可以是不能。因为这样解决的是"游戏"，而不是"沉迷"。当游戏被解决了，孩子们不再沉迷游戏，但如果仍然缺乏获得成就感的渠道，他们很可能又会沉迷于另一种能带给自己即时反馈和成就感的事物，例如短视频。

其实，我们要解决的是沉迷行为，而不是游

戏本身。让我们换一个思路,能不能将游戏吸引人的特点应用到孩子的学习和生活中呢?

比如,用游戏的方式将生活中延迟满足的事情"即时反馈化"——让事情的规则更明确、目标更清晰、结果更可期。并且逐步增加实现时间,令孩子能渐渐适应延迟满足,从而在学习和工作中更容易获得成就感。

此外,再给予孩子合适的引导和管教。现在,国家已经出台了相关政策,宏观控制未成年人的游戏时长;家长们也可以从孩子的日常生活入手,对他们进行疏导和教育。

下面有一些跟孩子沟通的建议:

### 1. 知己知彼,百战百胜(理解游戏的本质)

· 通常来说,游戏的核心设计不同,在即时反馈机制的表现上也不一样。当我们理解了游戏将带给孩子什么东西的时候,我们也就找到了解决问题的办法。
· 在理解孩子需求的基础上,达成有效沟通,让玩游戏的孩子觉得你是懂他的。
· 在懂孩子的前提下,进行合理的疏导。

## 2. 师夷长技以制夷（利用游戏的本质，改善生活）

· 利用游戏的优点改善孩子生活、学习上的枯燥感。例如：将学习上的一个大目标拆解为一个个小目标，跟孩子一起攻克一个小目标后，即时鼓励孩子，让他收获满满的成就感。

· 游戏化的亲子互动、游戏化地培养孩子的兴趣爱好。

· 引导孩子用游戏化的方式去应对生活中面临的挑战。

网络上有这样一句话："游戏沉迷的本质是错误的自我疗愈，真正能治愈孩子的只有家长本身。"作为家长，活用游戏给予玩家即时反馈和成就感的妙招，是鼓励孩子好好生活和学习的关键方法。

## 你记住了吗？

**Q** 游戏吸引人的魔力在哪里？

**A** 游戏作为一个有统一规则、有明确指向结果的行为，使玩家可以预期自己付出多少时间和努力就能获得怎样的回报。而这种互动机制叫"即时反馈"。这是玩家在游戏里获得成就感的重要途径，也是游戏乐趣的主要来源。

**Q** 如何破除游戏的魔力？

**A** 破除游戏的魔力，不一定有助于解决沉迷问题。作为家长，活用游戏给予玩家即时反馈和成就感的妙招，是鼓励孩子好好生活和学习的关键方法。

学会玩游戏，而不是被游戏玩。

第二章
八个锦囊帮助孩子走出游戏沉迷

在第一章中，我们已经揭开了孩子沉迷游戏的秘密，大家现在可能会问："那应该怎样帮助孩子从游戏沉迷中走出来呢？"

第二章将针对家长朋友在陪伴孩子走出游戏沉迷过程中遭遇到的各类困惑和难题，为大家提供八个锦囊。

打开这些锦囊后，你可以看到一些妙计。

## 锦囊一：
## 孩子已经沉迷游戏了，怎么办？

**帮助孩子构建常态化的反馈体系**

孩子沉迷游戏有许多表现，例如：回到家就想玩手机，一写作业就找各种理由拖延，如肚子饿、口渴、要上厕所等；晚上睡得迟，早上起不来，在被窝里玩手机，一玩就是几个小时；以"我都已经把作业做完了""我都已经……了"为理由，要求多一些使用手机的时间，将其作为奖励。

温馨提示：及时完成作业，控制游戏时长

如果发现孩子出现了这些游戏沉迷表现，我们就需要先分析它们产生的原因。通过第一章，我们已经知道，任何沉迷现象都只是一种表象，本质是孩子缺失持续获得成就感的途径。它是枯燥的学习生活与孩子大脑对多巴胺的本能需求之间产生矛盾所带来的结果。

因为沉迷行为无法被抹除，只能被替代，因此，我们要帮助孩子在日常生活和学习中构建常态化的反馈体系，替代他们从游戏中获得成就感的行为模式。身为引导者，我们要引导孩子找到人生的意义，建立追求的目标，因为父母是孩子最好的老师。

◆ **例子**：家长带孩子打乒乓球治网瘾

教育心理学专家李玫瑾教授讲过一个真实案例。一位爸爸发现儿子在高二的时候迷上玩游戏，他没有一味制止，而是带着儿子报了一个暑期乒乓球班。每到周末，爸爸就要求和儿子比赛。结果，为了赢爸爸，儿子不得不加倍努力练习。随着投入的精力和获得的成就感越来越多，儿子也渐渐爱上了乒乓球运动，摆脱了游戏的诱惑。

当孩子与其他人和事建立了亲密联系，从现实世界中获得了乐趣，他就会忘记虚拟世界中那些短暂如泡沫般的快感了。

所以，我们不妨丰富孩子的生活，培养一些

玩游戏之外的兴趣爱好，鼓励孩子在生活中多结交朋友。周末多带孩子外出，爬山、踏青，体验大自然的美妙，孩子的眼里才能住进别的色彩。多关心孩子、陪伴孩子，用爱和温柔填满孩子的人生，能让孩子获得真心的快乐。

### 家长也需要控制自己的行为

在日常生活中，家长朋友们也需要关注以下几点：

#### 1. 禁忌：把"玩手机或电脑"作为孩子的奖励

手机、电脑不是"托儿所"，父母绝不能用它们替代自己陪伴孩子。尤其，当孩子在生活或学习方面有良好的行为表现时，我们应当给予恰当的鼓励，绝对不能把使用手机或电脑当成奖励。因为这样会损害孩子的内驱力。我们需要让孩子意识到自己的目的是做一个品格优秀的人或者满足求知欲，而不是玩游戏。同时，我们也要避免孩子为了不被批评或满足我们的期待而学习。

◆ **例子**：老人和踢足球的孩子

一群孩子在一位老人家门前踢足球，大喊大叫。每天如此，几天过去，老人难以忍受。

于是，他出来给了每个孩子 25 美分，对他们说："你们让这儿变得很热闹，我觉得自己年轻了不少，这点钱表示谢意。"

孩子们很高兴，第二天仍然来了，一如既往地嬉闹。老人再出来，给了每个孩子 15 美分。他解释说，自己没有收入，只能少给一些。15 美分也还可以吧，孩子仍然兴高采烈地走了。

第三天，老人只给了每个孩子 5 美分。

孩子们勃然大怒，"一天才 5 美分，知不知道我们多辛苦！"他们向老人发誓，他们再也不会为他玩了！

孩子们踢足球本来是因为对足球的喜爱。内在动力：对足球的喜爱——去踢足球。

老人家将心理动力转换为金钱的奖励。外在动力：金钱给予多少——去踢足球。

随着金钱数目逐渐变少，孩子慢慢失去了为老人踢足球的兴趣，而这正是老人所希望发生的。

生活学习中，孩子因为兴趣等内在动力做一件事情时，建议不要再给予物质上的奖励，千万不要将内在动力转换为外在动力。

要买东西给孩子就买，千万别说你今天什么事情干得真好，奖励给你。否则如果下一次没有了物质奖励，孩子很可能就会失望了。

## 2. 减少环境信息刺激，避免"反向强化"

我们自己在孩子面前应该避免玩手机、玩电脑，哪怕是为了工作，要以身作则。同时，避免在孩子面前说"不要玩手机""不要玩电脑"等带有指向性的反向信息。

◆ **例子**：戒烟

成年人戒烟时应该避免与吸烟者接触，并尽量将所有的香烟、打火机、烟灰缸等物品清理干净，以免相关刺激诱发吸烟欲望。同时，可以将戒烟计划告诉身边的亲朋好友，让他们帮助你避免接触吸烟的环境和刺激。

### 3. 明确行为规则和边界

我们引导孩子做事情时，需要提供明确的行为规则，划清什么事情能做、什么事情不能做。如果规则不明确，或者不断被各种因素打破，会使孩子做事没有边界感。

◆ **例子**：训练人工智能

训练人工智能需要使用者提出逻辑清晰的需求并对人工智能的回复提供明确的反馈，这样人工智能才能在不断的训练中持续进步。

## 和孩子一起分析、讨论应对方法

我们首先要跟孩子共情，给予他们尊重，承认游戏好玩，同时告知他们投入大量时间玩游戏的话，确实浪费时间。

接着，可以跟孩子一起分析游戏的作用。游戏能帮助孩子跟朋友进行社交，也是孩子有限的、可控的娱乐方式。

然后，跟孩子讨论应对游戏沉迷的方法。最重要的是，让孩子自己来提出方案。家长的作用是引导，让孩子自己制定明确的目标、规则，以及奖惩制度。注意，绝对不要把使用手机或电脑的时间当作奖励。

在沟通中，你可以参考下面这几点：

### 1. 明确目标

避免把使用手机或电脑作为一种行为的奖励，为孩子寻找能够持续提供正反馈和成就感的爱好。

### 2. 明确规则

明确行为的规则和边界，做到规则清晰、执行彻底。

### 3. 难度合理

为孩子设立难度合理的任务和目标。优秀的难度曲线，应该是循序渐进的、引导式的。

### 4. 即时反馈

给予孩子合理、及时、频繁、可持续的奖励。家长不能犯懒，坚决避免朝令夕改。

当跟孩子讨论出合理的方案后，我们就要陪伴孩子坚决执行。

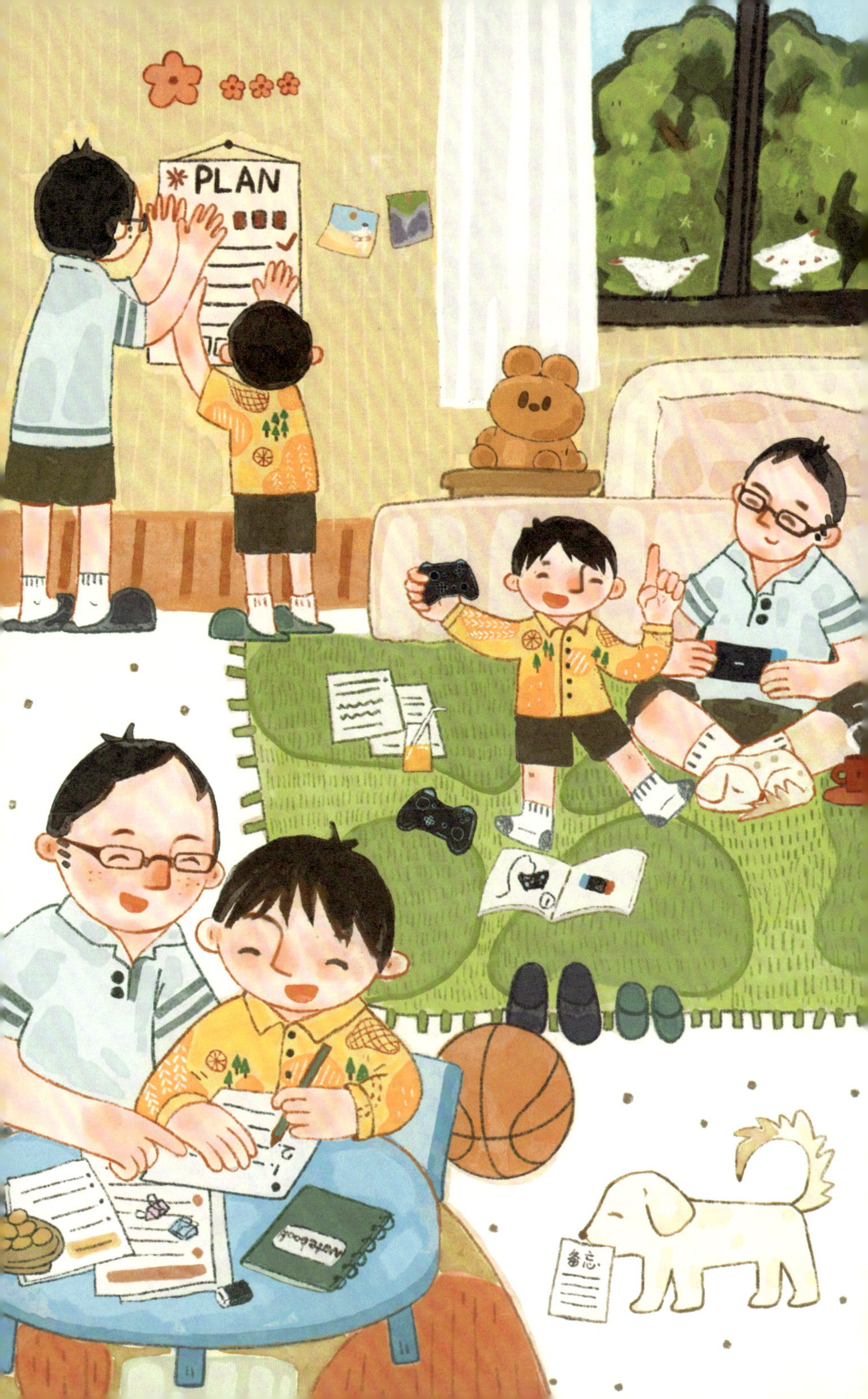
PLAN
备忘

### 你记住了吗？

**Q** 孩子已经沉迷游戏了，怎么办？

**A** 家长要帮助孩子在日常学习和生活中构建常态化的反馈体系，也需要控制自己的行为，例如：不把"玩手机或电脑"作为孩子行为的奖励，在孩子面前以身作则，不玩手机或电脑，减少环境信息刺激、避免反向强化，明确行为规则和边界；还要和孩子一起分析、讨论应对游戏沉迷的方法，让孩子提出方案，并陪伴孩子坚决执行。

## 锦囊二：
## 为何禁止玩游戏会导致孩子产生巨大的情绪变化？

很多家长对游戏的印象不好，无外乎发现了两个现象：一、孩子在进行其他活动的时候情绪一直很低落，玩游戏的时候情绪却十分高涨；二、当孩子玩游戏的状态正火热时，如果将其打断，孩子马上就会从精神十足变得暴躁易怒，十分抗拒沟通。

基于此，家长们认为一定是游戏蛊惑了自己的孩子。

但大多数家长不知道的是，由人民日报健康客户端发布的《2022年国民抑郁症蓝皮书》显示，我国18岁以下抑郁症患者占抑郁症总人数的30.28%。在这些群体中，50%的抑郁症患者为在校学生，41%的抑郁症患者曾因抑郁休学，学业压力已经是青少年抑郁症患者身上的一座大山。

近几年，游戏成为不少孩子唯一可以解压的方式。可以想象，当情绪的洪水无处释放的时候，家长不仅不理解"洪水"为何滔滔，还总想着要把这个唯一的"泄洪口"堵上，孩子情绪的大坝岂能不崩溃呢？

所以，我们要先正确理解孩子为什么会喜欢

玩游戏，再思考如何应对孩子的情绪问题。那么，具体如何做呢？

**确认孩子玩的游戏能否帮助他宣泄压力**

优秀的游戏可以为孩子提供良好的情绪体验；而不良的游戏则通过掌控孩子的情绪，从而控制孩子的游戏时长。下面，我们来看一下这些不良游戏的"经典套路"：

· 让玩家不停地和其他玩家比较或毫无道理地竞争，例如：通过每天必须上线几个小时，来进行排名。

· 对玩家不主动的行为进行一定的惩罚，例如：不按时签到或连续几天不上线就会被降级。

· 激起玩家的"赌性"，而不是强调玩家的技术和经验。

这些不良游戏是无法让孩子宣泄压力的。

## 引导孩子思考自己和游戏的关系

若孩子玩的不是不良游戏,那么我们就不用特别紧张,只需多倾听孩子的想法,和孩子保持良好的沟通。但是,如果孩子玩的是不良游戏,就需要特别注意,因为这类游戏往往反而会让孩子的压力累积起来。这时,我们应该怎么做呢?

1. 不要谴责孩子玩游戏的行为;

2. 不要指责和强调孩子的情绪;

3. 不要向孩子宣泄不满。

我们可以用对游戏感到好奇的口吻去询问孩子,如:

1. 你玩的是什么游戏?感觉你玩的时候很生气哦。

2. 有什么其他的游戏能让你开心一点儿吗?

3. 感觉你玩得很累,要不我们找一个其他的方式让你放松一下?

类似这样的问题可以很好地将孩子从情绪中拉出来，正视自己的状态，从而看清不良游戏的本质。孩子并不蠢，尤其在游戏方面，很多时候，他们只是在钻牛角尖。抱有好奇心的提问，可以让孩子重新思考自己和游戏的关系。

### 帮助孩子理解情绪的来源，进行情绪疏导

除了在孩子玩游戏之后和他沟通，我们也可以在其他时间主动发起沟通。

给大家介绍一个简单的"树洞"游戏——在一个安全、温馨而舒适的环境下，与孩子共同回顾一天中自己最满意和最不满意的事情。

发起沟通时，请注意以下几点：

### 1. 时间随意

刻意的时间安排会让孩子感到恐惧，好的"树洞"是自然出现的。比如，"在晚饭后的 20 分钟时间闲聊"就比"周日早上 9 点至 10 点，我们聊一聊"更有安全感。

### 2. 环境舒适

过于明亮或者暴露的环境可能会让孩子有被"审讯"的感觉。好的"树洞"永远在"森林深处"。比如，一起躺在沙发上，在温暖的灯光下的谈话，就比大中午在操场上的谈话更加令孩子感到舒服。

### 3. 少说多听

孩子的情绪需要"疏导"，是孩子的情感流出，而不是大人的情感"灌输"。好的"树洞"只有回声。

**我们要做的是：** 不进行关于好与坏的任何评价，不提供过来人自以为是的建议。把自己当成一个有回声的"树洞"，聆听孩子的感受和思考。无论孩子说什么，都认真听，认真理解，只要适当接话即可。

虽然听起来很简单，但定期和孩子进行这样的树洞游戏，真的有助于孩子缓解焦虑和排解负面情绪，甚至能鼓励孩子对自己的游戏行为进行反思。

有情绪，并不代表着失控。当孩子表现出情绪时，实际上他们可能在尝试传达一些被我们忽视的信息。当我们看到孩子情绪出现巨大波动的时候，我们要思考，到底是什么导致他出现情绪波动？为什么生气、沮丧或害怕？背后的原因是什么？游戏在哪些地方满足了他的情感诉求？

当你能把这些问题思考清楚，自然也就知道如何不依赖游戏，也能让孩子的情感得到满足。当然，你对此感到担心也是正常的，这也是情绪在告诉你，你真的爱你的孩子。

## 你记住了吗?

**Q** 为何禁止玩游戏会让孩子产生巨大的情绪变化?

**A** 游戏成为不少孩子唯一可以解压的方式。当情绪的洪水无处释放的时候,家长不仅不理解"洪水"为何滔滔,还总想着要把这个唯一的"泄洪口"堵上,孩子情绪的大坝就容易崩溃了。

**Q** 如何应对孩子的情绪问题?

**A** 确认孩子所玩的游戏是否能帮助他宣泄压力。用抱有好奇心的提问,引导孩子思考自己和游戏的关系。用亲子共玩"树洞"游戏等方式帮助孩子理解情绪的来源,进行情绪疏导。

## 锦囊三：
## 我不懂游戏，怎么跟孩子沟通？

有的家长会有一种莫名的焦虑，觉得自己不懂游戏，所以和孩子聊游戏的时候有一种无力感。事实上，我们不用那么焦虑，并非要懂游戏，才能和孩子聊游戏，就像我们不懂电器原理也不影响使用冰箱、洗衣机一样。

孩子只是游戏的使用者，他对游戏原理的理解不一定比你深。因为成年人的生活经验能够为我们提供更多理解游戏的角度。况且，大多数孩子和我们聊游戏，不是为了寻求家长的点拨来提升自己的游戏技术。孩子和我们聊游戏，是信任我们尊重他的兴趣，是向我们分享他的喜悦，是爱表达和表现的天性。如果能够理解到这一核心诉求，我们就可以开始后续的步骤了。

### 避开沟通的雷区，是成功的第一步

我们常常责怪孩子不愿意学习，但其实我们在和孩子沟通的时候，也常常表现出不愿意学习的一面。例如，当孩子给我们展示他玩的游戏时，很多家长的第一反应是，"这东西花花绿绿的，完全看不懂是什么意思"，然后开始抗拒沟通。更有甚者，可能在这个阶段就开始讲大道理了，例如"这么花花绿绿的，伤眼睛"，或者开始拒绝，例如"我不懂，你别和我说"。

试想，如果孩子在老师给他讲解一个新知识的时候，他指着公式说："这东西花花绿绿的，完全看不懂是什么意思。老师，我不懂，您别和我说了。"老师会是什么样的感觉？

是的，孩子在你抗拒沟通的时候，他也是同样的感觉。这样的感觉会严重破坏孩子沟通的欲望和对家长的信任感，所以这样的雷区，我们应该尽量避开。同时，给孩子讲大道理，居高临下地说教，也是沟通的破坏者。

下面为大家提供两类游戏的沟通思路，帮助大家了解如何在不懂游戏的前提下，跟孩子沟通游戏话题。

> **第一类：**
> **看起来简单又"无脑"的游戏，**
> **怎么和孩子沟通？**

像《疯狂点击》《飞扬的小鸟》，这类游戏的机制很简单，快速点击屏幕，越快越好，或连续点击屏幕，让角色的移动保持在一个水平线。

《飞扬的小鸟》中，玩家通过有节奏地点击屏幕，让小鸟持续飞得更远；而《疯狂点击》的玩法就更加简单粗暴，只要一直点屏幕中的怪物，点得越多，怪物被击打的次数越多，玩家的等级就越高。

光听描述，家长朋友可能会觉得，这些游戏有什么好玩的，居然还能让人沉迷？这类游戏看起来简单，简单到我们完全不理解孩子为什么会如此着迷，从而还可能引起对孩子的一种"鄙夷"情绪，不想让他继续玩。

其实，这类游戏满足了孩子"行动—反馈"的体验循环，是有爽感和解压作用的。在具体沟通中，我们可以将"评判"改为"好奇"，将"这游戏有什么好玩的，居然还能沉迷"的"评判"，改为"这游戏有什么好玩的，我想了解"的"好奇"。比如：

"我看你一直在点点点，这游戏是怎么玩的呀？"

"操作简单吗？会很解压吗？能不能教我一下？"

然后，我们会发现，孩子是很愿意让我们体验他的感受的。当孩子愿意让我们去共情他的情绪时，沟通就成功了。

> **第二类：**
> **看起来复杂到无从下手的游戏，怎么和孩子沟通？**

像《太空工程师》《缺氧》，这一类游戏则让人看不懂。有的家长朋友因为不懂，会产生一些畏难情绪，不知道孩子体验到了什么，就想一禁了之。

如果想要精通《太空工程师》，需要至少研究生级别的工程知识。孩子在玩的时候，甚至不像在玩游戏，而像做研究。而《缺氧》这种涉及知识面极广的游戏，有时候因为孩子操作的失误，也会导致游戏角色"死亡"，和真实科学探索的过程是很相似的。

这类游戏其实满足了孩子"反思—成长"的体验循环，孩子能够从中获得智性的满足。在具体沟通中，我们可以将畏难情绪变成求知欲。"因为我不懂这个游戏，所以我害怕"，变成"我不懂这个游戏，所以我想学习"。

我们小时候都围观过其他人玩游戏吧？这时

候,我们也不妨做回小孩子,静静地看一看,还可以问孩子:

"这游戏很难吗?那你告诉我,你觉得这个游戏里哪部分最经典?"

"你刚刚说这个游戏里你需要管理在太空移民的人,你是怎么管理的?"

"你玩这个游戏,看来你对航天很感兴趣呀?我以前没发现你有这方面的兴趣呢!"

然后,我们会发现,我们的求知欲甚至给了孩子一面镜子,让他发现自己未曾察觉的天赋。

上面的两个方法,都是家长询问孩子之后,基于孩子的描述再来进一步沟通,而不是家长预先准备很多内容去"输出"。这就是沟通的真谛——倾听。

倾听的背后是家长对孩子的尊重和陪伴,这些能够给孩子提供情绪价值。孩子知道你不懂游戏,却还和你沟通,这说明孩子 100% 是需要情感陪伴的。家长朋友只要放下戒备和先入为主的评判,真正看到当下的孩子,真实地表达自己对孩子的情感,就可以了。然后,我们会发现一件被忽略的事情:懂不懂游戏,根本不重要,重要的是我们要懂自己的孩子。

### 你记住了吗?

**Q** 我不懂游戏,要怎么跟孩子沟通?

**A** 我们并非要懂游戏,才能和孩子聊游戏。孩子和我们聊游戏,是信任我们尊重他的兴趣,是向我们分享他的喜悦,是爱表达和表现的天性。

我们不要拒绝沟通,也不能居高临下地说教。具体沟通时,可以改"评判"为"好奇",改畏难情绪为求知欲,倾听孩子的话,真实地表达自己对孩子的感情。

## 锦囊四：
## 孩子的游戏时间应该怎样安排？

孩子往往缺乏自制力，所以怎样帮助孩子管理游戏时间，成为许多家长面临的难题。有的孩子一写完作业或一有空闲时间，就玩游戏。尤其每次跟他约定好只玩 1 小时，结果，时间到了，孩子总会说"再玩 5 分钟"，而且一拖再拖。此时，家长朋友可能就会非常焦虑了，觉得孩子一玩游戏就停不下来。然后，家长用没收手机这样的强制手段来中断游戏，最终，双方不欢而散。

其实，在孩子开始玩游戏前，我们就可以跟孩子约定时间，然后，在时间快到时，提前提醒孩子，让他有思想准备。到约定时间后，我们不要马上采取强制控制的方式，可以先看孩子玩到哪一步了。有时，也许是因为游戏正处于比较紧急的进程中，比如，正在组队打怪，还差一点点就要把怪物击败了。这时，我们可以先让孩子完成这个小阶段后再停止玩游戏。但要注意，这种情况应该是特例，不能成为常态，契约精神还是很重要的。

心理学上有一个著名的现象，叫作"蔡戈尼效应"——人们对于尚未处理完的事情比已处理完成的事情印象更加深刻。因为人对于没有完成的事情会耿耿于怀，所以中断游戏会让孩子觉得玩得不尽兴，对游戏的执念就会增加，对抗学习的情绪也会倍增。

孩子对游戏时间的管理能力是需要长期培养的。家长朋友可以回想一下，自己有时都会忍不住花费大量时间刷短视频、逛社交平台，更何况是本来就需要培养自制力的孩子呢？

如今，虽然已经有了一些设备和系统能够协助家长管理孩子的游戏时间，但最终玩游戏的主动权还是在孩子自己手上。我们可以从管理游戏时间着手，督促孩子思考和决策，培养他们形成时间管理意识。如果孩子拥有时间管理能力，那么不仅是在玩游戏方面，在学习、生活方面都将大有裨益。

具体怎样帮助孩子形成时间管理意识，合理管理游戏时间呢？首先，我们需要了解健康的游戏时间是多久。

### 健康游戏时间的标准

首先，让我们了解一下官方对于健康游戏时间的定义。

根据 2007 年开始实施的《网络游戏防沉迷系统开发标准》的定义，"未成年人（单次连续）累计在线游戏时间 3 小时以内的为'健康'游戏时间"，并举例了下一盘围棋的时间也需要 2~3 小时。

但随着时代的发展，游戏的节奏越来越快，例如 15 分钟就能结束一个对局，5 分钟就能完成一个关卡挑战。对未成年人游戏时间的规定，也从 2007 年的 3 小时健康游戏时间，变成了 2019 年的工作日只能玩 1.5 小时，节假日只能玩 3 小时，再到 2021 年出台的新规，未成年人仅能在周五、周末和法定节假日晚上玩 1 小时。

这意味着，未成年人单次在线游戏时间应该小于等于 1 小时，每周累计在线游戏时间不超过 3 小时。

### 使用家长模式，设备专事专用

我们了解完健康游戏时间的标准后，就可以开始管理孩子的游戏时间了。除了依靠游戏本身设置的未成年人游戏时长与消费限制之外，我们还可以根据孩子的实际情况，结合游戏设备及其系统进行事前管理，这样做一定好过强制没收手机、电脑，粗暴地中断游戏。

我们具体要对游戏设备和其系统进行哪些事前管理呢？

第一，可以利用设备系统中的"家长控制"或者"屏幕控制"功能限定使用时间和限定应用。

第二，可以利用游戏厂商的"家长守护平台"限定游戏时间、游戏应用和充值金额。

根据国家最新的防沉迷规定，许多游戏厂商都推出了家长监护工程，例如"腾讯成长守护平台""网易家长关爱平台""游族家长监护平台""米哈游成长关爱平台""波克城市未成年人家长监护工程"。先找到孩子最常玩的游戏的厂商，搜索他们的网站和公众号等，就能找到家长守护平台的入口并申请开通家长监护功能。当然，如果你发现这个厂商没有推出对应的机制，那么就要更仔细地审视这些游戏是否适合孩子。

第三，将手机功能进行拆分，通信归通信，游戏归游戏。

例如买一台通信专用手机（包括电话手表）和一台掌机。通信专用手机由孩子自己保管。掌机作为娱乐设备，由家长保管。除此之外，家长还可以用面部识别、更改密码等方式辅助管理和监督。

不过，即使系统的控制功能不断完善，孩子如果想，也总能找到破解之道。堵不如疏，想要达成孩子健康游戏的目标，还是需要引导孩子自身养成健康的游戏习惯。

那么，具体如何引导和培养呢？

## 1. 先谈谈合理安排游戏时间的好处

我们不妨在孩子想要玩游戏前，就让孩子自己决定用哪段时间来玩游戏，以及如何将玩游戏的这段时间花得有意义。

因为良好的游戏体验时间，可以让孩子充分

放松，获得良好的社交体验，甚至带来智力上的提升，而不佳的游戏体验，可能让孩子焦虑甚至和他人产生冲突，损害身体健康。

对于孩子来说，他一定期望有良好的游戏体验时间，那么就要提前做决策。

## 2. 再谈谈如何安排时间

在健康游戏时间标准的前提下，如何分配时间便是很重要的决策。

我们可以给予孩子充分的游戏自由，但要让孩子自己制订具体什么时候玩，并想清楚要玩什么。例如：在符合健康游戏时间标准的前提下，孩子可以自己决定是写作业之前玩游戏，还是完成作业后再玩游戏。

我们还可以鼓励孩子说出他的决策理由。由孩子自己说出来，可以帮助孩子培养自主思考的能力。

### 3. 最后谈谈如何监督

对孩子最好的监督就是陪伴。制作精良的游戏可以提升孩子的反应能力、想象力，家长对孩子游戏的监督工作，应体现在价值引导上。在陪伴的过程中，家长对孩子的表现给予及时的正向反馈，逐步将孩子在虚拟游戏中获得的成就感与现实生活中父母的认可建立联系，形成认知一致性。陪伴式的监督让家长不再是冷酷的游戏时间中止者，而是孩子游戏时间管理的参与者，这样更容易让孩子信服。

管理孩子的游戏时间不是一蹴而就的事情，而让孩子懂得怎么利用时间更加重要。在这过程中，孩子一定会受到各种挫折，但每一次挫折都会给孩子一次学习的机会。

每个人都不是天生就懂得如何管理自己的生活。自我管理是一种技能，需要不断地学习、练习，熟练之后才能运用自然。家长朋友不用焦虑眼前短期的几次失败，要多看到孩子自我管理技能的成长，坚持一段时间就会发现，孩子慢慢地形成了更强的自我管理能力。

### 你记住了吗？

**Q** 孩子的游戏时间应该怎样安排？

**A** 孩子对游戏时间的管理能力是需要长期培养的。未成年人单次在线游戏时间应该小于等于 1 小时，每周累计在线游戏时间不超过 3 小时。

家长可以通过游戏设备及其系统进行事前管理，同时，引导孩子自己管理时间。比起严格控制游戏时间，让孩子学会怎么利用时间更加重要。

## 锦囊五：
## 孩子给游戏充值，该怎么办？

相信很多家长都曾经遇到过孩子给游戏充值的问题。首先，让我们了解一下孩子给游戏充值的问题到底出在哪里。

### 培养孩子财商，从管理游戏充值开始

我们成年人在网购时都经常会管不住手，何况是孩子呢？其实大多数孩子对虚拟支付是没有基本概念的。虚拟支付相对现金支付而言更加无形。在孩子看来，金额只是一些数字，他们难以估量消费量的大小，导致在没有实感的情况下随意消费。

要想解决孩子给游戏充值的问题，核心在于让孩子建立正确的财务观，即培养孩子的财商。

我们可以和孩子进行沟通，了解他是否对游戏消费有一定的概念。对于没有概念的孩子，我们可以通过虚拟与现实对比的方法来帮助他理解。比如：告诉他，在游戏里购买一件道具需花费 100 元，而在现实生活中这 100 元能买到哪些他喜欢的东西。同时，让孩子明白钱是怎么来的，给孩子一个正向的引导。

游戏道具　VS　现实玩具

### 立场坚定，明确底线

对游戏消费已经有一定概念的孩子，面对他们，我们更要讲究沟通的方法了。

首先，不建议未成年人进行游戏消费，如有特殊情况也应当由家长操作。在游戏充值和零用钱方面，家长一定要立场坚定、明确底线：

第一，孩子可以支配自己的零花钱进行游戏充值，但要约定好限额。

第二，孩子必须在家长知情的情况下，进行游戏内的充值行为，如有特殊情况，也应当由家长代为操作。

第三，如果发现孩子乱花钱，不要犹豫，家长应先坚定收回零用钱，然后就具体问题具体沟通。

家长的支付密码要对孩子保密。此外，家长也可以借助外界平台的力量，进行事前管理。现在，很多游戏平台都推出了家长管理功能，家长只要绑定孩子的游戏账号，就能够通过设置每月限额来控制孩子可以消费的金额。如果孩子发生消费行为，平台也会及时发送消息提醒。

### 若孩子主动提出要充值，应该怎么办？

很多时候，孩子和家长聊自己想要充值消费

的时候，本来是一个简单的财务问题，最后，莫名演变成"孩子浪费钱""父母不爱我"等问题。所以，遇到孩子主动提出想要给游戏充值时，聚焦目标是非常重要的。

### 第一步：谈谈是什么在诱惑孩子充值

弄清楚孩子游戏消费的原因是最重要的，而不是关注"充值"这个行为。

很多孩子在玩游戏的时候都有自己非常喜欢的英雄角色，而当这个英雄角色出新的"皮肤"时，孩子常常抵挡不住诱惑。一个典型的例子是，孩子喜欢的英雄角色出了一个稀有"皮肤"，他非常想买。因为之前和家长有过约定，所以他向家长提出了这个要求。家长没有拒绝，但是要求孩子说明自己为什么想买，说出真实的理由。

此时，孩子可能有两种表现：一种是难以启齿，说不出理由，那说明他自己都说服不了自己，家长就可以拒绝这个请求了；另一种是孩子的确非常想要，并且详细解释了自己为什么喜欢这个英雄，以及英雄相关的故事对自己的启发，等等。家长听完，如果认可孩子的理由，那么可以进行第二步——引导孩子思考要付出怎样的努力，来换取充值机会，将充值变成一种赠予的"礼物"，激励孩子在其他方面成长和进步。

### 第二步：谈谈为此要付出的努力

既然是为了鼓励孩子进步，那么就要在孩子进步之后再赠予这份"礼物"。家长可以问孩子准备做怎样的努力来获得这笔额外的消费金额。

孩子有可能会提出以在考试中获得多少名次来作为交换条件。我们需要注意，任何学习相关的努力都是孩子的分内事，不应该用自己本就应该做的事情来赚取额外的奖赏。所以，我们要引导孩子不要用学习成绩作为充值的交换条件，而要在其他方面付出努力。

孩子理解这点之后，可能会提出帮助家长整理文件等额外的劳动来获取游戏充值的机会。

此时，家长需要思考，这样的劳动是否能培养孩子一些学习以外的能力，例如：细心、责任心等。如果不能，可以让孩子选择做其他的事情；如果能，家长和孩子的目的就达成了一致。

这样一来，孩子不仅没有耽误学习，还额外帮助父母做了事情。作为鼓励，家长可以给孩子购买游戏英雄角色的"皮肤"。在这个过程中，孩子不仅体验到了努力和收获，也明确了自己的"本职工作"和其他"工作"之间的区别。而获得"皮肤"之后，如果冲动消费的激情消退了，孩子下一次想买新"皮肤"时，就有可能会思考，是不是要更谨慎购买、值不值得购买了。

### 第三步：消费后，找恰当的机会引导孩子总结沉淀

在孩子消费后，引导他权衡得失、计算收益。就跟投资理财后，计算收益一样。家长可以在这次消费的一段时间后，主动询问孩子对于这次充

值的看法，这笔钱花得值不值得，让孩子学着自己分析。当然，如果孩子觉得值得，表示下次还想充值，那就让孩子继续通过劳动来赚取。

作为家长，管理孩子游戏充值，不仅仅是为了控制孩子消费，更重要的是帮助孩子树立良好的财务观。孩子应该从小就知道，金钱是来之不易的。通过游戏充值这件事，家长可以教育孩子如何理财、如何分配有限的资源，让孩子明白金钱的分配和利用是需要考虑成本和收益的。

当然，我们不能指望一次就教育成功。在实践过程中，一定会受到挫折、遇到各种意外。培养孩子正确的财务观念，是一项漫长而持续的过程，需要家长与孩子有耐心，并且不断地努力。坚持下去，你会惊喜地注意到孩子逐渐变得更加擅长自我控制和管理。

**你记住了吗?**

**Q** 孩子给游戏充值,该怎么办?

**A** 要想解决孩子给游戏充值的问题,核心在于让孩子建立正确的财务观,即培养孩子的财商。对于没有游戏消费概念的孩子,我们可以通过虚拟与现实对比的方法来帮助他理解消费量的大小。对游戏消费已经有一定概念的孩子,家长一定要立场坚定,明确底线。

不建议未成年人进行游戏消费,如有特殊情况也应当由家长操作。如果孩子主动提出要充值,我们可跟孩子谈谈具体是什么在诱惑孩子,他为此要付出的努力,引导孩子权衡得失、计算收益。

## 锦囊六：
## 怎样让孩子不沉迷不良游戏？

第一章中，我们已经分析过不良游戏的危害。有的家长可能会问："怎样让孩子不沉迷不良游戏？"我们可以尝试做以下四件事，让孩子摆脱不良游戏的诱惑。

> **第一件事：**
> **引导孩子从小事做起，锻炼其自制力，并激励他自律**

如果孩子平常自制力比较弱，常常完不成计划，那么我们可以引导孩子从小事做起，锻炼其自制力，并激励他自律。具体怎样做呢？

首先，我们要注意自己的语言，不要总是批评、强调孩子"怎么那么没有自制力"，而是强调期望和行为，例如："我希望你是一个有自制力的孩子，你觉得作为一个有自制力的孩子，应该怎么做？"

其次，当孩子出现自制或不自制的行为时，我们要给孩子坚定而温和的反馈。下面列举两个例子：

◆ **例子：** 孩子计划每天自己清理书桌

如果孩子做了，那么我们可以这样反馈："我看到你今天按照计划把桌子收拾干净了，看起来你的自制力又提升了。"

如果孩子没做，我们可以这样反馈："我觉得你今天应当按照你订的计划清理书桌，然后才可以去休息。"

如果孩子还不做，我们不要急着发火，而是要坚持说："如果你没有清理书桌，你就不应该去休息。"

就这样，从小事做起，再过渡到更复杂的事情，帮助孩子跨越从知到行的鸿沟。

给孩子反馈的流程，可以总结为以下三步：

第一步：家长可以先问孩子："你觉得这件事情你做得对不对？"如果孩子因为认知偏差，说得不对，就可以和他探讨怎样做才是对的。

第二步：如果孩子说得对，那么再问他接下来应该怎么做。如果他表示不知道，家长就可以教他怎么做。

第三步：如果孩子知道应该怎么做，那么就督促他去做。做的过程中孩子一定会遇到挫折，此时，再重新回到第一步。一步一步来，当他意识到这件事情会给自己带来好处之后，就会主动去做。等孩子养成习惯，就不再需要家长那么费心了。

◆ **例子：** 孩子承诺每周都和父母分享一本书

坚持做一件事情，说起来容易，做起来难。如果说好要做，孩子却连续两周都没有做，此时，我们可以问孩子："你如何看待自己承诺坚持分享图书，却连续两周都没有去做？"

孩子或许会找各种理由，例如作业太多等。此时，我们可以和他一起讨论："这些理由能不能够阻止你完成分享？"

面对这种情况，孩子常常是心虚的，因为他们知道自己做得不对。此时，我们可以问他："那么你觉得需要怎样调整可以保证自己每次都能做到?"

由孩子来想避免不自制行为再次发生的方法,然后,我们可以问:"需不需要我来督促你?"

如果孩子说"不需要",那么下次他自己一定会注意完成。如果孩子说"需要",那么我们可以顺理成章地督促他,且不会影响亲子关系。

> **第二件事：**
> **主动管控，专事专用，**
> **减少失控可能**

因为不少孩子的自制力较弱，所以特别容易在游戏方面失控。这时，我们可以主动管控孩子的游戏时间，让电脑、手机等设备专事专用，使得孩子不再轻易获得失控的机会，换句话说，就是减少失控可能。

"守护平台"是家长管控孩子游戏时间的一个好帮手。其实，很多游戏公司都推出了家长守护平台，但是会使用的家长不到五分之一，在此给大家讲解一下守护平台的用法。

以腾讯的家长守护平台为例，如果你的孩子经常玩腾讯旗下的游戏，可以在微信搜索"腾讯成长守护"的公众号，点击"腾讯防沉迷"，进入"管理游戏"，绑定孩子的账号，就能对该账号的游戏时间、充值金额和可玩游戏进行限制。

同样，还有"网易家长关爱平台""游族家长监护平台""米哈游成长关爱平台"等。

当然，要堵也要疏。我们可以给孩子提供专门用于娱乐的设备，可以是游戏机，也可以是另一台专门玩游戏的手机，还可以是其他电子设备，甚至不一定是游戏，而是孩子喜欢做但一直没机会做的某件事情。只要是能够和孩子的常用手机区分开的设备或活动，都是可以的。当你不确定孩子想要什么的时候，可以去和孩子商量。

这样一来，孩子就会清楚地知道，什么时间是"自由娱乐时间"，父母是会尊重自己意愿的。孩子在自由娱乐时间中玩游戏，可以十分自在，不用躲躲藏藏，自然也就不会把娱乐和学习对立起来。

### 第三件事：
### 提高孩子的审美和认知力，
### 让他自发对不良游戏失去兴趣

我们在生活中不会被一些低级的骗术所欺骗，是因为我们的认知水平超过了骗术的水平。同样，为了不让孩子被一些不良游戏吸引，也需要提高孩子的审美和认知力。

在对游戏谈虎色变的今天，其实很多孩子并不知道优秀游戏是怎样的，甚至从没感受过能带给自己真正的快乐和收获的游戏有多么好。

举一个身边的真实例子。曾经，有一位家长反其道而行，不仅不禁止孩子玩游戏，还和孩子一起去挑选每年游戏排行榜上推荐的精品游戏——获奖多、评分高、评价好、适合孩子年龄段的作品。最后，孩子挑选了一款可以边玩边运动的体感游戏。孩子的理由是：爸爸妈妈老是说他不爱锻炼，所以他特意选了运动类游戏。最终的结果是：孩子玩过这款游戏后，发现居然有一款游戏可以让自己在锻炼身体的同时，还能玩得那么开心。过了一阵子，孩子甚至主动和家长分享："为什么我以前会喜欢那些游戏（不良游戏）？又累人又不开心，气得让人失眠，真是太愚蠢了！"

### 第四件事：
### 为孩子社交提供环境，让孩子不用单靠游戏去结交朋友

如果孩子玩不良游戏是因为想结交朋友，那么为孩子提供更容易结交朋友的方式，则有可能让他远离不良游戏。

有家长根据这个思路，在家中为孩子举办周末聚会，让孩子邀请小伙伴们来家里相聚、玩耍。一开始，孩子们还会一起玩一些联机游戏，但慢慢地，他们发现，原来大家线下聚在一起还有很多其他的事情可以做，比如下棋、打球。所以他们虽然依然喜欢玩游戏，但不会将大量时间放在不良游戏上了。因为他们的社交需求可以用其他更有趣的方式来满足。

大家回想一下，这不就是我们小时候满足社交需求的方式吗？

防止孩子沉迷不良游戏，核心是理解不良游戏对孩子产生诱惑的原因，也就是孩子的薄弱之处——自制力弱、失控成本低、审美认知低、社交需求高。我们只要有针对性地补足孩子的薄弱之处，就可以有效防止孩子沉迷不良游戏。

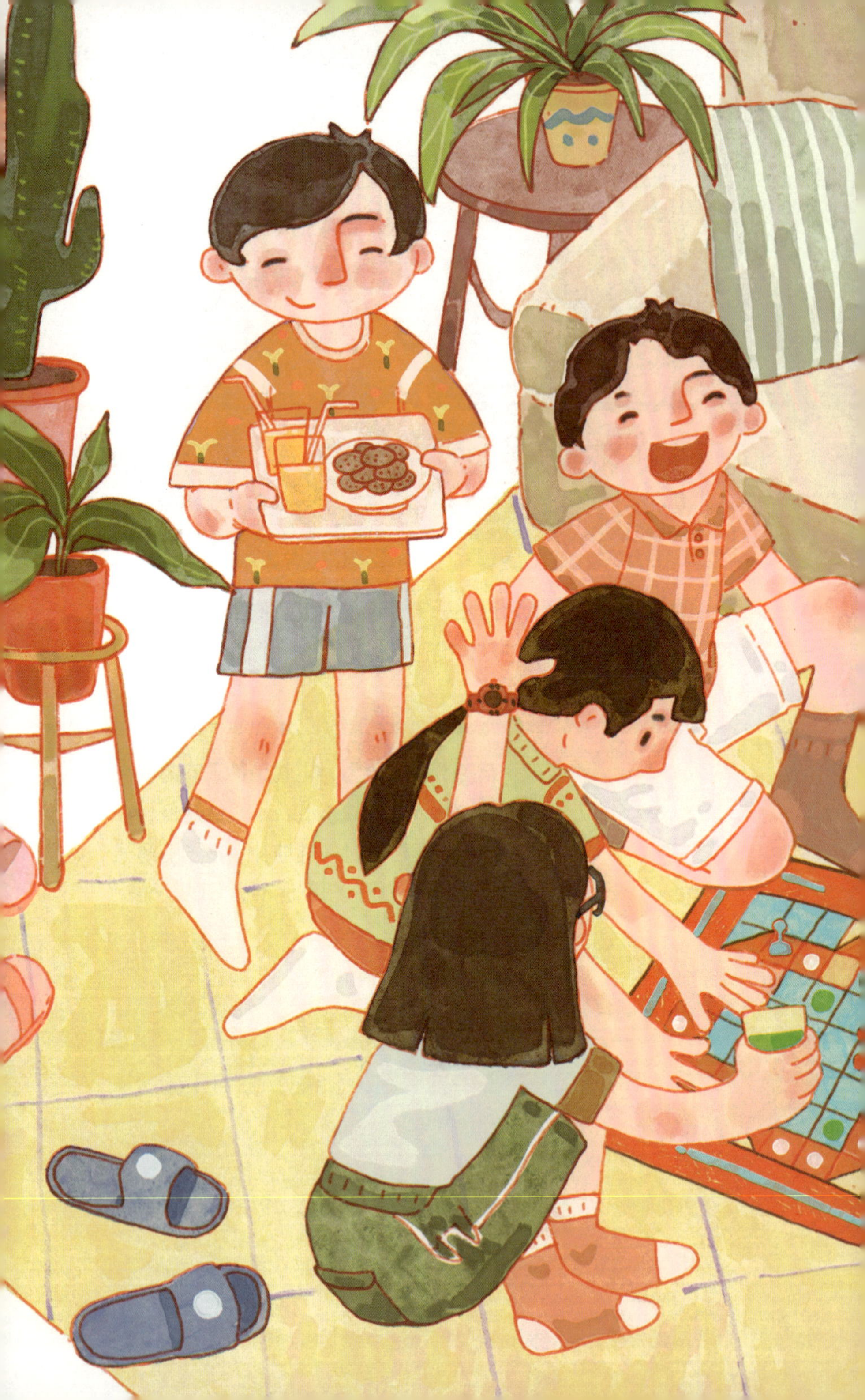

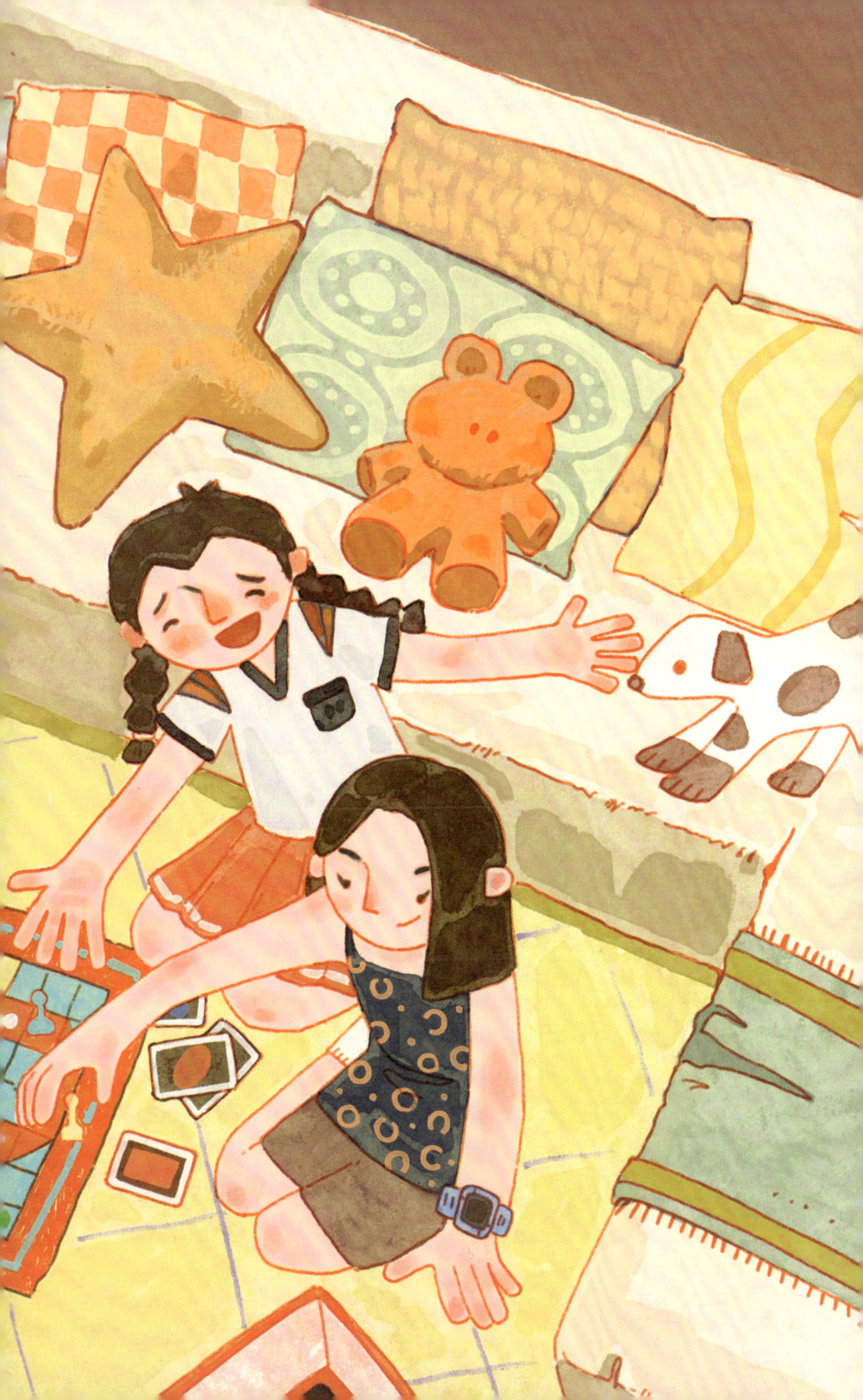

### 评价标准

家长该如何判断自己的管理措施做得是否到位呢？我们有一个以孩子为中心的评价标准。为什么要以孩子为中心？因为我们是为了孩子有所改变而采取行动的，那么评判标准肯定是以孩子的变化作为核心，这样才能做出更科学、更有效的评价。

**合格：** 孩子对家长产生了信任感。虽然时间管理做得还是不太好，但是孩子开始主动和家长分析游戏的好坏，想要玩游戏的时候，也会主动告知家长。

**良好：** 孩子有反思行动，自我管理明显有进步，但还是会反复。不过，孩子会主动或在家长要求的时候，和家长探讨自己在游戏和生活中做得不太好的地方，并思考该如何调整，偶尔也会拿自己做得好的方面向家长展示。

**优秀：** 孩子有持续性自我管理的行动（超过两周）。孩子会自主安排时间、自主学习与娱乐，并偶尔在经过思考后，能对时间管理方式提出具体意见和建议。当孩子遇到拿不准的、和游戏相关的问题时，也会提出来和家长讨论。

家长朋友可以针对这些标准做初步的判断。

## 你记住了吗？

**Q 怎样让孩子不沉迷不良游戏？**

**A** 有四件事可以让孩子不沉迷不良游戏。

第一件事：引导孩子从小事做起，锻炼其自制力，并激励他自律。

第二件事：主动管控，专事专用，减少失控可能。

第三件事：提高孩子的审美和认知力，让他自发对不良游戏失去兴趣。

第四件事：为孩子社交提供环境，让孩子不用单靠游戏去结交朋友。

### 锦囊七：
### 孩子玩游戏分散了学习的注意力，怎么办？

有这样一个段子：有一位相声演员曾调侃国足，再不努力可能就要输给叙利亚了。结果，国足真的输给了叙利亚。之后，某位国足运动员非常生气，说都是因为这位相声演员乌鸦嘴，球队才输了比赛。大家听了都觉得好笑，因为这两件事并没有直接的因果关系。

回到学习这件事上，我们为什么会觉得孩子学习不好是因为玩游戏、刷短视频、看不该看的课外书或者看电视呢？

我们往往会在嫉妒、焦虑的时候，对事情进行错误归因。要解决问题，首先要确定我们发现了真正的问题。

排除错误归因之后，当我们真正从社会、历

史、文化等角度来研究游戏，甚至会发现：游戏不会分散学习的注意力，反而是一种绝佳的学习方法。学习本身应该像游戏一样吸引孩子。孩子学习不专注，其实是学习本身出了问题。

那么，如何让孩子把注意力聚焦在学习上呢？下面，为大家提供三个对策。

## 下策：不准玩游戏，只准学习

在集中学习注意力的方法中，下策是通过禁止孩子玩游戏的方式，来逼迫孩子学习。

这个办法大家都知道，一般来说，结合长期的说教，比如告诉孩子"学习是学生的职责"，的确会有一定的效果。但是，当孩子逐渐长大，有了独立思考的能力之后，前期的压抑会被释放出来，乃至被认为是叛逆。

典型的例子就是高考完之后的撕书活动。这个行为反映出孩子的潜意识是，从此以后再也不用读书了。如果孩子这么厌恶学习，那么他的学习生涯或许就止步于高中了。

所以，如果使用这个方法，家长务必要自己先弄清楚学习的价值，才能让孩子懂得学习的价值是什么。如果自己讲的道理连自己都不信，自己平常都不热爱学习,天天回家就刷手机,却和孩子说学习很重要,不能玩手机,那么孩子又怎么会信呢?

更有甚者,还要妖魔化孩子喜欢的东西,说要"战网魔",那孩子更会叛逆。

让孩子放弃一项活动,并不一定是因为那个活动是坏的,也可能是因为有更重要的事情需要他去完成。我们完全可以告诉他,你喜欢的东西没错,只是现在你需要做更重要的事情。家长这样沟通,也对孩子做到了起码的尊重。

**小技巧:** 以说服孩子学数学为例,我们可以想一想自己为何学数学,数学给生活带来了哪些帮助。比如:做生意、盖房子、造汽车都会用到数学知识。先说服自己,再尝试说服孩子。

> 中策：
> 用游戏的形式学习，
> 利用孩子对游戏的兴趣来激发学习兴趣

使孩子专注的更好的学习方式是要像游戏那样，基于孩子的好奇心和兴趣进行引导，而不是一味强调学习是学生的责任。很多家长也意识到了这一点，所以舍弃了上文提到的下策，还有人专门设计了相应的游戏来帮助孩子以游戏的形式开展学习。

◆ 例子：经典的游戏化学习游戏 PaGamO，将学生的学习任务用打怪的方式来呈现，孩子可以在游戏中挑战老师布置的作业，甚至给其他同学布置作业。通过让孩子不断地用作业"攻城略地"，靠强大的学习力来建立自己的王国，来激发孩子的学习动力。PaGamO 甚至举办过电竞比赛，让孩子戴上专业的电竞耳机，坐在电竞椅上比赛做作业，那场景非常激动人心。

"电竞式"写作业比赛

家长若要使用中策，其实就是将游戏中常见的元素应用到学习中，例如：给孩子制订打卡日历，给予对应挑战的奖励，等等。但要注意的是对于原本就喜欢学习的孩子来说，单纯用游戏的元素来激发其学习兴趣基本没有效果。因为他已经不需要游戏来帮自己转化兴趣点了。

如果想要将游戏元素应用到实际生活中，我们可以从以下几个方面入手——

孩子有什么需要每天做的事吗？给这件事设定打卡积分的规则，并让孩子看到连续打卡之后自己取得的进步。

孩子觉得自己考试考得不好吗？给考试成绩设定小目标和短反馈，例如小目标是 3 个月进步 5 分，短反馈是每进步 1 分都热烈庆祝，孩子很快就会不怕考试了。

孩子讨厌排名？让孩子自己找几个对手，可以是伙伴，也可以是不认识的人，甚至是虚拟的对手。排名的内容不一定是考试成绩，可以由孩子自己决定。例如：帮助他人的次数、读课外书的数量、受同学欢迎的程度。让排名成为孩子自我追求的标尺，而不是打压其积极性的镣铐。

> 上策：
> 游戏的过程本身就是学习，
> 激发孩子对于学习本身的好奇心和兴趣

游戏的过程本身就是学习，激发孩子对于学习本身的好奇心和兴趣——波克公益的游戏共创工坊，就是基于这个逻辑开展实践的。

以一次共创工坊为例，活动目标是设计一个能够增进友情的桌游。孩子们在制作桌游的过程中，无论是观察的、学习的，还是思考的东西，都是围绕着学习目标——友情来展开的。例如，孩子们需要设计游戏的机制，也就是增进友谊的规则，他们必须思考什么事情是真正可以增进友情的，否则就不具备说服力。孩子们如果要设计一些游戏中的"敌人"，也就是伤害友情的破坏性事件时，也必须仔细研究现实生活中什么样的行为是伤害友情的。而这些思考都会体现在学习的产出，也就是设计好的桌游中。

从教育测量的逻辑来看，孩子能够做出对应的学习产出，就说明孩子真正学到了对应的知识。他能设计出真正增进友情的桌游，就说明他对友情产生了兴趣，理解了友情，并且知道如何增进友情。

若家长要使用这个方法，需要投入精力去设计学习过程，帮助孩子体验学习的乐趣。因为该方法门槛较高，所以建议大家从自己最擅长的领域开始，引导孩子养成将学习看作游戏的思维习惯。那么，具体如何应用到实践中呢？

**第一步**：问自己，自己最擅长的事情是什么？最快乐的事情是什么？比如做饭。

**第二步**：回想自己是怎么学会做饭并且精进厨艺的，记录下完整的过程。

**第三步**：思考这个过程中哪些思维是十分重要的、哪些环节是非常有趣的。

**第四步**：设计思路。如果让孩子把做饭当成一件快乐的事情，也就是广义的游戏，你会怎么样让他来学习做饭，让他感受到做饭的乐趣，并喜欢上做饭？

同样的思路可以用到任何学习的领域。

说到这里,大家肯定会好奇,既然有上策,我们为什么还要看中策和下策?

其实,每个父母都希望孩子能够快乐成长,但现实的压力又不得不让父母为孩子的学习操心。三个对策并没有绝对的好坏之分,而是看适合什么时期、什么人。下策看起来不够好,但若家长分身乏术、无暇照看孩子,或许只能使用此策,等到真的有机会、有时间、有资源的时候,再转化为中策或上策。

所以,上文带家长朋友们更加宏观地理解游戏和学习的关系,也是希望家长不要因为看到了更好的方法而对自己以前的教育方法产生负罪感。因为每一位家长都是为了孩子能够更好地成长而做出的决策。

**你记住了吗？**

**Q** 玩游戏分散了学习的注意力，怎么办？

**A** 并不是玩游戏等其他事情分散了孩子学习的注意力。学习本身应该像游戏一样。学习不专注是学习本身出了问题。你可以使用三个对策。

下策：不准玩游戏，只准学习。

中策：用游戏的形式学习，利用孩子对游戏的兴趣来激发学习兴趣。

上策：游戏的过程本身就是学习，激发孩子对于学习本身的好奇心和兴趣。

## 锦囊八：
## 如何让孩子对游戏以外的活动产生兴趣？

很多家长不明白孩子为什么对游戏之外的其他事情都提不起兴趣。这其实是将孩子的"游戏"和"正常活动"对立了起来。孩子本身就要通过"游戏"来学习周遭的事物，而游戏只是其中一种显著便捷的形式。

咱们不妨站在孩子的角度去看待这件事情。玩是孩子的本能需求，是天性。孩子通过玩来运用自己的五感，理解世界。但很多家长都认为，玩和其他事情是对立的。玩，变成了一种额外的奖励，甚至用玩来控制孩子。例如：将玩和考试成绩捆绑在一起。很多家长都曾经承诺过孩子"如果你能做到这件事（例如考到满分 100 分），那么你就可以尽情玩"。

当孩子做到之后，有部分家长甚至又对孩子本该拥有的"尽情玩"的权利，加上各种限制，例如"我不是不让你尽情玩，但是你也要注意身体健康、用眼卫生、劳逸结合……"然后，我们会发现孩子好像除了游戏之外，对什么事情都没兴趣了。这是为什么呢？

因为孩子不是没兴趣，而是他真正的兴趣被大人曲解、压抑了。被压抑久了，就会反弹，而游戏是孩子最便捷的宣泄渠道。

理解这一点后，我们就知道如何让孩子对游戏之外的活动提起兴趣了。

### 禁止玩游戏，可能会让孩子失去更多兴趣，变得更加麻木

家长朋友们应该都经历过类似的情况，当我们用惩罚的方式，禁止孩子做某件事之后，孩子会有"破罐子破摔"的表现，甚至会去做一些家长更不希望他做的事情。例如，不让孩子玩游戏，他就去刷短视频；不让孩子刷短视频，他就躺床上，就是不去学习。

为什么孩子对游戏就有浓厚的兴趣呢？我们不妨看看游戏是怎么设计的，也许会有所启发。

在游戏中，系统对孩子做得更多的是肯定和表扬。

当孩子在游戏中闯过一个关卡或者完成了一个任务，系统就会毫不吝啬地显示"你太棒了"。

当孩子闯关失败了，系统也会提示"不要灰心，再接再厉"。

游戏告诉孩子闯关成功后就可以获得相应奖励，而且该奖励一定会兑现。

请问游戏做到了什么？当孩子尝试，表示肯定；当孩子遭遇失败，表示鼓励；当孩子达成成就，兑现诺言。这些反馈带给孩子的感受，也就是我们成年人一直提倡的"只要努力了就会有收获"。

我们不妨从这个角度去思考，自己有没有让孩子在生活的各个方面体验到"只要努力了就会有收获"。

孩子对于电子游戏中最感兴趣的部分，往往是他最希望自己"只要努力了就会有收获"的部

分。所以理解孩子在游戏中做出了什么努力、收获了什么，我们就可以在现实中为他提供对应的机会。

举一个实际案例，有一个孩子从小就喜欢玩经营游戏，例如《文明》《冠军足球经理》。因为经营游戏需要长线游玩，可能一玩就是好几年，家长担心他是不是沉迷游戏了，于是寻求专业人士的帮助。

于是，社工们引导家长根据孩子喜欢玩经营游戏和团队合作游戏的特质，鼓励孩子在学校承担与团队合作相关的班级职务或任务。为什么呢？因为这几款游戏中，孩子需要做的基本上都是经营和团队合作的事情。例如，在《文明》中，孩子需要管理一个"国家"，考虑其经济、政治、文化等各方面的情况，选定合适的发展道路，让文明可以发展起来；而在《冠军足球经理》中，他需要管理一支球队，关注每一名球员的天赋和短板，给他们安排最优的比赛策略，以及做出合理的人事安排。

游戏和现实不是对立的，孩子在游戏中的兴趣肯定与现实中的兴趣是对应的。当家长尝试根据孩子在游戏中的兴趣来探寻他在现实生活中的兴趣之后，结果让人十分惊奇。原来，那孩子早就是学校体育部的负责人了，只是家长之前并不知道。

School sports meet

校园
运·动·会
快来加入吧！

> 没有其他兴趣的原因是没机会尝试，或没时间尝试，或尝试后被否定

兴趣的形成是一个不断发展的过程，需要给予孩子机会和时间。

再举一个实际案例：有一个孩子非常喜欢在《我的世界》里面盖房子，平常和其他人交谈时，如果谈的不是《我的世界》的内容，他都爱搭不理。他的父母很担心，也尝试过利用游戏里的兴趣引导他寻找现实中的兴趣，告诉孩子，如果他喜欢游戏，可以学习编程。可是，孩子尝试学了一段时间编程后，并没有对编程产生兴趣，学习效果不是特别好。

社工们关注了之后，发现父母的行动并无不妥，只是方法不对，且时候未到。于是，他们鼓励家长仔细观察和思考孩子在游戏中具体做的是什么，再多找几个方向让孩子去尝试，不要仅仅局限于编程。

其实，这个孩子在《我的世界》里最喜欢玩可以使用无限材料、自由盖房子的模式，而不是去玩需要打怪的生存模式，或者进行红石编程（一种类似代码的智能游戏模式）。后来，家长开始往美术、建筑方向去寻找孩子的兴趣点，最后发现他真正感兴趣的是室内设计。

这个孩子的父母做得很好，而很多父母可能不引导孩子，或者尝试一两周无果就放弃了，甚至责怪孩子"明明喜欢玩游戏，为什么学习游戏相关的事情还是坚持不了！"如果是这样的话，孩子肯定无法找到游戏之外的兴趣，反而可能破罐子破摔。

很多家长害怕孩子破罐子破摔、躺平不努力，所以对孩子只玩游戏而对其他事都不感兴趣的情况尤其感到焦虑。我们不妨想一想，自己平常在什么时候会愿意去探索呢？恰恰是我们最轻松、最自由的时候。兴趣从来都不是指标，不是任务，而是自发的好奇产生的。

孩子也是一样的。即使孩子没有兴趣，我们也不要焦虑，反而要让孩子放轻松，让他拥有更加敏锐的感受去发现兴趣，让他可以有机会、有时间，在自我成长的道路上不断发现自己的兴趣和潜力。在这过程中，激发孩子兴趣的最好载体中，游戏一定会占有一席之地。

### 你记住了吗？

**Q** 如何让孩子对游戏以外的活动产生兴趣？

**A** 禁止玩游戏，可能会让孩子失去更多兴趣，变得更加麻木。家长可以尝试根据孩子在游戏中的兴趣来探寻他在现实生活中的兴趣。

此外，兴趣的形成是一个不断发展的过程，需要给予孩子机会和时间。孩子没有其他兴趣的原因是没机会尝试，或没时间尝试，或尝试后被否定。即使孩子没有兴趣，我们也不要焦虑，反而要让孩子放轻松，让他拥有更加敏锐的感受去发现兴趣，让他可以有机会、有时间，在自我成长的道路上不断发现自己的兴趣和潜力。

用"魔法"打败"魔法"。

## 第三章
## 聪明的家长活用游戏

## 如何为孩子挑选一款合适的游戏？

首先，不管玩什么游戏，我们都应该监督孩子的游戏时间，并确保孩子只玩适合他们年龄段的游戏。其次，我们也应该教育引导孩子如何甄别游戏。面对目前各大应用商店里形形色色、眼花缭乱的电子游戏，我们应该怎样"避雷"不良游戏呢？以下几种方式供大家参考。

### 如何"避雷"不良游戏？

**看游戏是否有适龄提示**

根据 2020 年 12 月有关部门发布的《网络游戏适龄提示》规定，适龄提示的标识符包括三种，分别是绿色的"8+"、蓝色的"12+"以及黄色的"16+"；适龄提示标识必须放在产品界面的显著位置。这些提示一般都会显示在游戏首页或者游戏下载页面，因此，如果游戏没有适龄提示，肯定不是什么正经游戏。

**看游戏是否有家长控制模式**

除了手机游戏之外，现在的视频网站、电子

设备都专门为家长提供了管理未成年人使用时间和消费金额的工具。即便孩子玩的不是手机游戏,很多主机和掌机游戏也都提供了家长控制模式。

## 看游戏是否符合孩子年龄段

上面两点是最基础的甄别方法,我们作为家长,最重要的还是判断一款游戏的内容是否真的适合孩子。所以,我们在判断时要多长个心眼,认真仔细地了解清楚这些适龄提示中包含哪些游戏题材和内容。这些信息可以在不同的应用商店里查到。

◆ **例子:** 苹果应用商店

它的适龄提示分为"4+""9+""12+"和"17+"四个等级。它会在游戏下载界面显著位置安放适龄提示,而且也会有详细的相关说明内容。

**年龄分级**

入门

**4+**
此类别中的 App 不包含受限制的内容。

**9+**
此类别中的 App 可能含有轻微或偶尔的卡通、幻想或现实暴力,以及偶尔或轻微的成人、性暗示或恐怖内容,可能不适合未满 9 岁的儿童。

**12+**
此类别中的 App 可能含有偶尔轻微的不雅语言,频繁或强烈的卡通、幻想或现实暴力,与轻微或偶尔的成人或性暗示题材以及模拟赌博,可能不适合未满 12 岁的儿童。

**17+**
您必须年满 17 岁才可以获取此 App。
此类别中的 App 可能含有频繁和激烈的攻击性语言;频繁和激烈的卡通、幻想或现实暴力;频繁和激烈的成人、恐怖和性暗示题材;以及色情内容、裸体、烟酒和毒品,可能不适合未满 17 岁的儿童。

◆ **例子：** 华为商店

它的适龄提示则分为"年满 3 周岁""年满 7 周岁""年满 12 周岁""年满 16 周岁""年满 18 周岁"五个等级。

3 年满 3 周岁

7 年满 7 周岁
可能包含少量卡通暴力、极少的含蓄不良用语等不适合未满7周岁用户的内容。

12 年满 12 周岁
可能包含少量的轻微暴力、少量的含蓄不良用语、少量可能惊吓到儿童的场景等不适合未满12周岁用户的内容。

16 年满 16 周岁
可能包含暴力、不良用语、可能惊吓到儿童的场景等不适合未满16周岁用户的内容。

18 年满 18 周岁
此类内容（如理财、直播表演、恋爱交友等）仅适用于成人用户。

在了解清楚以上基础信息之后，我们还需要结合游戏的题材内容，判断游戏是否适合孩子。对于涉及暴力血腥、色情、赌博内容的游戏都应该明令禁止，以避免对孩子带来不良影响。

### 如何判断游戏是否适合孩子？

在"避雷"不良游戏的基础上，我们到底怎样判断游戏是否适合孩子呢？其实不难，家长也不用太担心，以下是给大家提供的一些参考方法。

首先，最快速的方法就是观察外界对所选游戏的认可度和反馈，包括玩家评价、玩家与厂商的互动以及游戏获奖记录。

### 1. 玩家评价

通过玩家评价可更全面评估游戏质量，就好比我们日常在网络平台买东西，除了先了解产品本身的信息以外，我们会去看买家评价，看买家和卖家的反馈互动是否积极，从而给我们的消费决策提供一些辅助参考。

### 2. 玩家与厂商的反馈互动

如果游戏官方账号经常跟玩家互动、回复玩家问题和听取优化意见，足以说明游戏厂商对玩家的责任心。另外，游戏社区的活跃度也能在一定程度上反映出游戏的质量。

### 3. 获奖记录

一般来说，能获得各类奖项的游戏，通常会经过严格筛选，在内容质量、创意设计和社会价值等方面得到了业界的认可。它们往往在叙事、玩法、视觉和音效等方面表现出色，能给玩家带来深刻和愉悦的游戏体验。

其次，了解游戏的内容、平台、制作团队等信息，同时考虑孩子的年龄和兴趣，能让你更确定一款游戏是否适合孩子。

### 1. 游戏的内容和评级

在给孩子挑选、推荐游戏之前，家长应该仔细阅读游戏主页，了解游戏的内容和评级。游戏评级是根据游戏的内容、暴力程度、性暗示等因素来评定的。家长可以根据评级来判断游戏是否适合孩子。在了解完以上内容的前提下，家长朋友就可以做出判断，例如：如果你希望孩子提高对文本的感知能力，你就可以推荐孩子选择剧情丰富的游戏；如果你希望孩子能够对美学有所感知，则可以选择画面精美的游戏；当然，介绍里出现"烧脑""励志"等关键词的游戏也可以关注。

### 2. 孩子的年龄和兴趣

不同年龄段的孩子对游戏的兴趣和需求不同，

家长应该根据孩子的年龄和兴趣来挑选游戏。比如，对于年龄较小的孩子，可以选择一些简单的休闲游戏，而对于年龄较大的孩子，可以选择一些有挑战性的游戏。

### 3. 适合孩子的游戏平台

不同的游戏平台有不同的特点和适用对象，家长可以根据孩子的需求和喜好来选择适合的平台。比如，对于喜欢玩休闲游戏的孩子，可以选择手机或平板电脑，而对于喜欢玩大型游戏的孩子，可以选择家用游戏机。另外，对于年龄较小的孩子，还是建议让他们玩实体游戏。

### 4. 制作团队特长与系列产品

几乎每个游戏厂商都有自己的特长项目，会有一系列围绕着特长项目的产品。通过浏览厂商的网站，能轻易地看出这个厂商致力于开发什么类型的游戏。致力于"简单快乐"和致力于"硬核科普"的厂商，致力于"视觉刺激"和致力于"家庭体验"的厂商，对家长的选择一定会有不同的影响。

最后，简单分析游戏的盈利逻辑。不良游戏的唯一目的就是"坑钱"，而优秀游戏则有很多愿景，包括实现社会价值等，赚钱不是它们唯一的目标，所以家长也能从游戏本身的盈利模式来判断游戏的好与差。游戏的盈利模式大概分为以下几种：

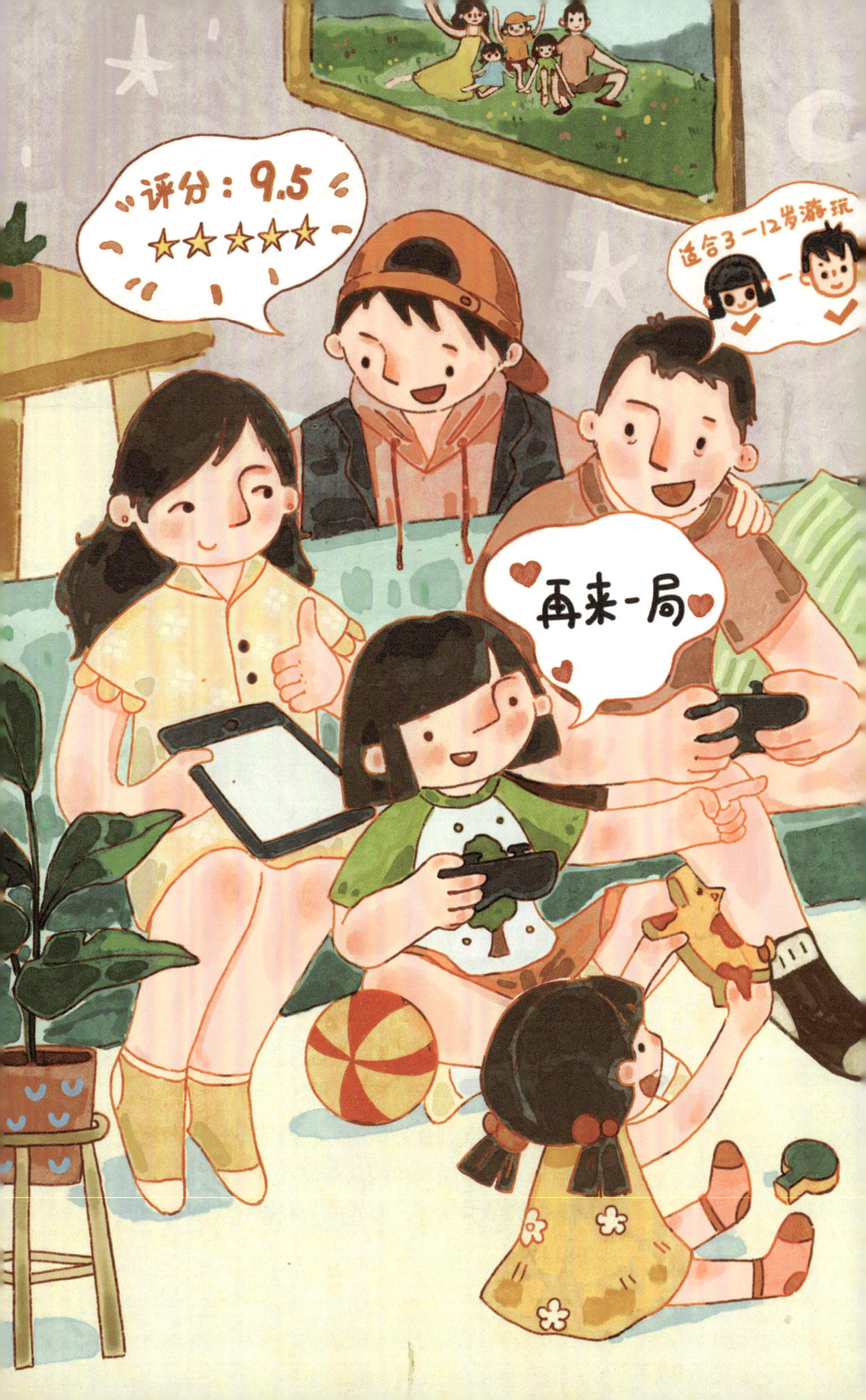
评分：9.5
适合3－12岁游玩
再来一局

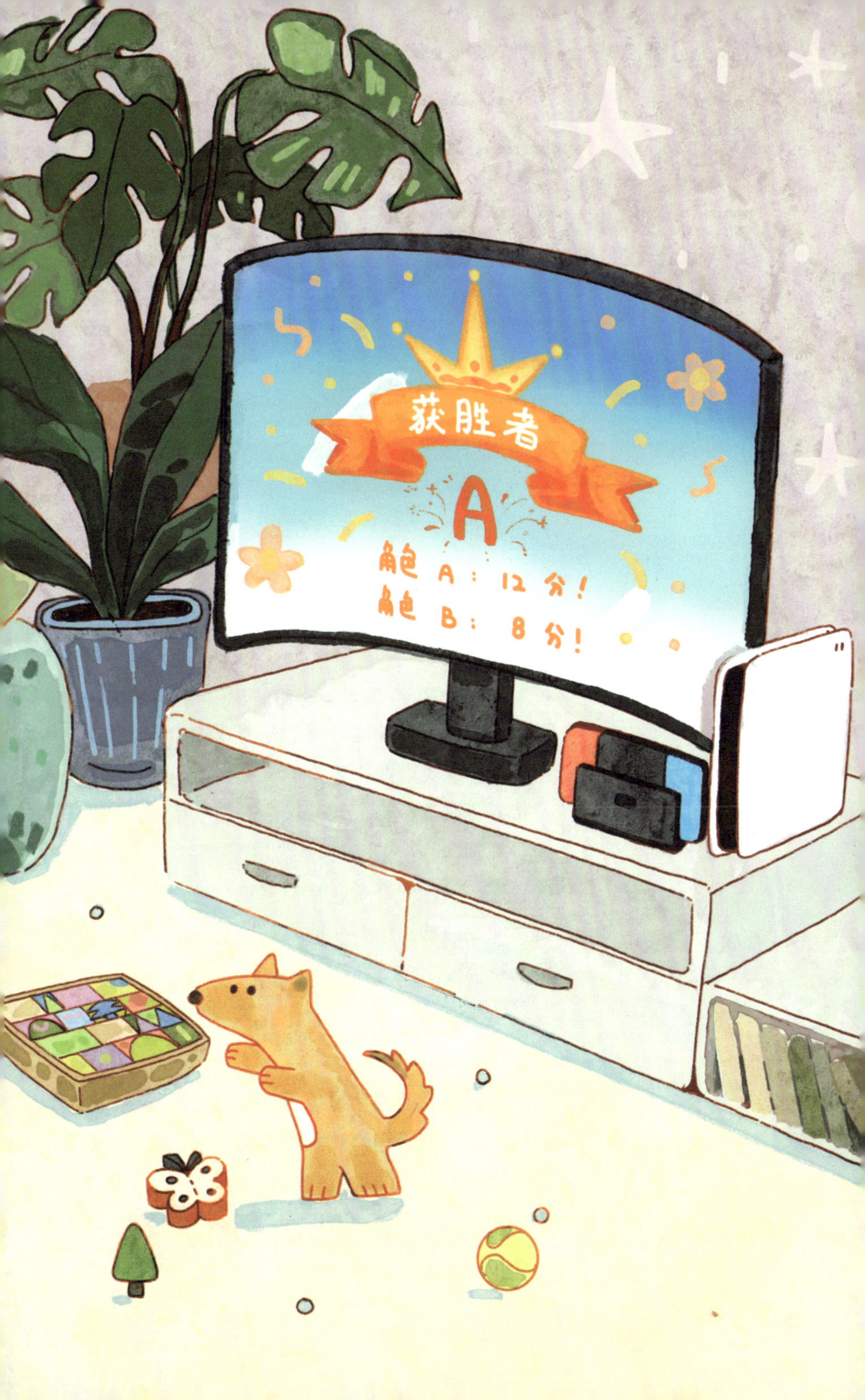

获胜者
A
角色 A：12 分！
角色 B：8 分！

### 第一种：买断制

买断制就是一次性购买游戏后，不再需要任何消费就可以完整体验游戏。因为卖的就是产品本身，所以游戏厂商在开发时会重点打磨产品，力求给玩家带来完整、深入、震撼的游戏体验。家长可以和孩子一起讨论游戏中的人物和情节，引导孩子对游戏中的价值观、世界观进行思考，从而促进孩子成长。另外，这类游戏的售价一般与质量挂钩。最高级别的 3A 游戏大作在 400 元左右，常见的独立游戏在 50 元到 200 元之间，小型实验作品的价格可能只要 10 元。

### 第二种：内购制

相比于买断制，内购制是用免费下载的方式吸引更多玩家来体验，然后在游戏中引导玩家进行消费。这类游戏中也不乏优质作品，可以给孩子带来良好的体验，但家长最好提前了解游戏的内购规则，并设置家长控制。这种游戏的消费门槛较低，例如"首充送翻倍奖励"等套路容易让玩家冲动消费，还有"抽卡"机制也是常见的引导消费手段。

### 第三种：广告制

广告制游戏通常是休闲类游戏，玩家需要通过点击广告链接等方式来获得关卡挑战机会和游戏资源。有些厂商甚至会故意设置过不去的关卡来促使玩家点击、转发广告。这类游戏适合日常解压和放松，但很难给玩家带来深度的游戏体验。

以上三种是已经经过市场验证的主流盈利模式。回归本质，游戏公司必须通过盈利才能够持续产出。如果一款游戏没有清晰的盈利模式，也很难让人相信其正规性和优秀程度。

其实，分辨游戏的好坏，就跟做美食、制订旅行攻略一样。家长只需要找对渠道，花时间去比较选择，就能找到适合孩子的优秀游戏。

孩子的成长更加需要的是家长的陪伴。家长和孩子一起玩游戏，不仅可以增进亲子关系，还可以促进孩子的身心健康和智力发展。

### 你记住了吗？

**Q** 如何为孩子挑选一款合适的游戏？

**A** 1."避雷"不良游戏的办法：一看游戏是否有适龄提示；二看是否有家长控制模式；三看是否符合孩子年龄段。

2. 判断游戏是否适合孩子的办法：首先，最快速的方法就是观察外界对所选游戏的认可度和反馈，包括玩家评价、玩家与厂商的反馈互动以及获奖记录；其次，了解游戏的内容、平台、制作团队等信息，同时考虑孩子的年龄和兴趣；最后，可以简单分析游戏的盈利逻辑。

## 如何让孩子像玩游戏一样专注学习？

第二章中曾提到，学习行为本身应该像玩游戏一样吸引孩子。孩子学习不专注是学习本身出了问题。那么，我们有没有办法让孩子像玩游戏一样专注学习呢？

### 学习 vs 游戏

首先，我们用一张表格对比"学习"和"游戏"，分析孩子为什么对学习不感兴趣，玩起游戏来却很专注。

|  | 分数 | 成就 | 排名 | 打卡 |
| --- | --- | --- | --- | --- |
| 学习 | "以身犯险" | "学霸专属" | "烫手山芋" | 义务劳动 |
| 游戏 | "成功之母" | "个人专属" | "强者证明" | "持续收获" |

我们逐项来看。先看学习方面——

**分数**：考得好是应该的，考得不好就是犯了错、学习态度不认真，所以考试对孩子来说就是"以身犯险"。

**成就**：往往最优秀的孩子才能获得奖状、奖杯，这会使得不少孩子觉得能力天注定，成就专属于"学霸"，自己的努力反而是让人看笑话。

**排名**：每个人都要和第一名比，不得第一名仿佛是一种罪过。但是第一名的压力更大,因为不得第一名就是不努力,就是退步。排名成了孩子手上的"烫手山芋"。

**打卡:** 每天学习是学生的义务劳动,不仅没有奖励,而且只要有一天没完成学习打卡,就会受到批评。

我们再来看游戏方面——

**分数:** 孩子的每次操作都会得到各种分数提醒,可能是伤害值,可能是血量,也可能是评分,从而得知这次操作的表现如何。在这个过程中,失败乃是成功之母,从而在下一次操作中及时调整。

**成就:** 游戏中的成就成百上千、稀奇古怪,无论孩子选择什么方向,只要他努力,都会获得相应的成就。不存在哪个方向是对的,哪个方向是不对的。人人都可以实现专属于自己的成就。

**排名：** 大多数游戏中的排名都是分段的，孩子可以和自己同分段的人比拼，并不断超越自己的分段，进入更高的分段。此时，排名成了"强者证明"。

**打卡：** 坚持就有奖励，坚持越久，奖励越多，努力就有收获。

两者对比，我们会发现：在当前的学习模式下，对很多孩子来说，学习这件事就是多做多错，不做不错，吃力不讨好。这会让孩子失去学习过程中的安全感，导致孩子对学习感到害怕和痛恨。最终，孩子会把学习看作是任务，而不是渴望。

其实，分数、排名、打卡等令孩子对学习感到害怕、痛恨的元素，在游戏里也同样存在，但游戏却能让孩子更加沉浸、专注。比起学习，游戏的优势在于它有三个让孩子能够专注的因素：

**第一，** 它能激发孩子天然的探索、社交、竞争欲望，满足孩子的好奇心，帮助孩子结交更多朋友，让孩子变得更厉害，并从各个方向给孩子更多元的评价，让任何孩子都能获得自信心。

**第二，** 它能为孩子提供安全感，让其不怕失败，无数次重来，直到实现成长。

**第三，** 它有逐步上升的难度曲线，永远比孩子当下的水平难一点，让孩子持续获得成就感。

通过上面的分析，我们可以看到，"游戏"能做的，其实"学习"也能做，只不过没有去做。那么，我们不妨利用能让孩子专注游戏的三个因素，来让孩子专注学习。

### 用专注游戏的三个因素让孩子专注学习

家长要学会关注本能，将孩子的学习与其在日常生活中满足好奇心（探索）、结交更多朋友（社交）、让自己变得更厉害（竞争）联系起来，并给孩子相应的多元评价，让孩子始终有自信心。

#### 1. 满足好奇心（探索）

孩子都有天然的好奇心，有的孩子是"奥特曼专家"，有的孩子是"昆虫专家"，还有的孩子是"游戏专家"。如果孩子的好奇心被好好地保护，那么当他在日常生活中遇到不理解的事物时，自然就会产生学习的动力，而不是为了得分去学习，或相信"知识无用论"，抱怨"学这个有什么用，能当饭吃吗？"因为他喜欢的是学习本身。

当发现孩子会对某种类型的事物投入地研究时，我们不仅不要阻止他，还要好奇地向他提问。以游戏举例，如果孩子真的沉浸在某些优秀游戏的体验中，你可以将心中的疑问直接问出来，"你现在在玩的是什么游戏？""这个游戏要怎么赢？""这种游戏玩一局大概要多长时间啊？"甚至可以是"你能不能教我玩这个游戏？"

这种提问既保护了孩子的好奇心，让孩子感到你尊重他的兴趣，又能让你了解这款游戏的性质。你可以更好地判断这款游戏是否适合孩子，并且可以通过口头描述游玩体验，提高孩子的语言组织能力。

## 2. 结识更多朋友（社交）

孩子会为了被别人看见而努力锻炼、打扮、读书，他也可能因为同样的原因，故意哗众取宠，故意学习怠惰。对孩子来说，学习只是人生中的一部分，社交圈子则是另外一个重要的部分。

其实，学生厌学的主要原因是在学校的社交关系出了问题。因此，如果学习和孩子的社交发生冲突或对立，会让孩子对学习感到厌烦。

例如，孩子明明只是想和一个有趣的同学交朋友，却因为对方学习成绩不好被大人阻止。而孩子交的朋友如果成绩比他好，又要被"别人家的孩子"的说法威胁——"你朋友的学习成绩那么好，你怎么不学学他？"显得自己非常无能。久而久之，孩子就讨厌学习了。

其实，改变的做法很简单——尊重孩子交朋友的权利，别对孩子交的朋友指指点点。当然，如果孩子结交了品德不好的朋友，应当给予关注乃至干预。

### 3. 让自己变得更厉害（竞争）

有时候，孩子会在一些小事上显得非常倔强，一件事情做不好，就不停地去尝试，直到完成为止。这是一种要强和自我要求高的表现，是一种良性的竞争。有的家长可能担心这是钻牛角尖，于是急忙予以阻止。其实，我们不妨换一种思路，帮助孩子更好地挑战自己。

有时候，孩子纠结于某个题目，导致后面的题都没写完。我们应该在一旁观察他尝试做题的过程。当孩子气馁的时候，我们适时鼓励，并说出作为旁观者看到的进步。比如，孩子说："我真笨，做了半天，什么结果都没有。"我们可以告诉他："不是的，你已经取得了一定的成果。你已经试过三种方法来解题，并证明它们行不通了。你再想一种新方法，说不定就能解开了。"我们甚至可以帮孩子记录每次尝试的结果，拿出进步的证据给他看。他不仅能保有这种良性竞争的习惯，还能通过家长的反馈更快速地突破当下的困境。

学习是手段，学习是习惯，学习背后一定有目的，而这些目的一定和探索（满足好奇）、社交（交朋友）、竞争（变得更厉害）相关。家长应该主动利用孩子天然的学习欲望，让孩子可以成为一个为自己而学、终身学习的人。

当然，当你关注孩子这些方面的需求之后，

你对他的评价自然也会变得更加客观、更加多元。你会发现，在和孩子沟通的过程中，你开始看到孩子各方面的优点了。

### 为孩子提供一个有安全感的学习环境

给孩子充分的试错空间，不要因为学习成绩不好就批评孩子，而是关注如何优化学习方式，帮助孩子悟出自己的学习之道。

努力学习的过程一定会经历挫折，学会如何面对挫折是孩子能够专注学习的重要条件。

家长能做的是坚持原则——批评的时候，说行为；表扬的时候，说人。因为某个行为做得不好，所以才没有达到目标，改变行为就可以达到目标。因为你是爱学习的孩子，所以你能做到，而且能越做越好。

例如，孩子承诺晚上只玩1小时游戏，如果做到了，你可以说"你真的是说到做到的人啊"；如果他没做到，你可以提出疑问："为什么想做却没做到，我们看看是哪个环节出了问题。"

如果长期这样引导，孩子就不会在遇到困难的时候产生畏难情绪，而是把困难当作一种学习的机会。

## 让孩子在学习过程中始终有成就感

即使做到了前两点，如果学习的难度不适合，也无法让孩子沉浸到学习当中。太简单的任务，会让孩子觉得无聊；太难的任务，则会让孩子想放弃。学校设计的学习任务难度大多是以学生的平均水准来制订的，也就是说，成绩好的学生和成绩差的学生都无法收获成就感。

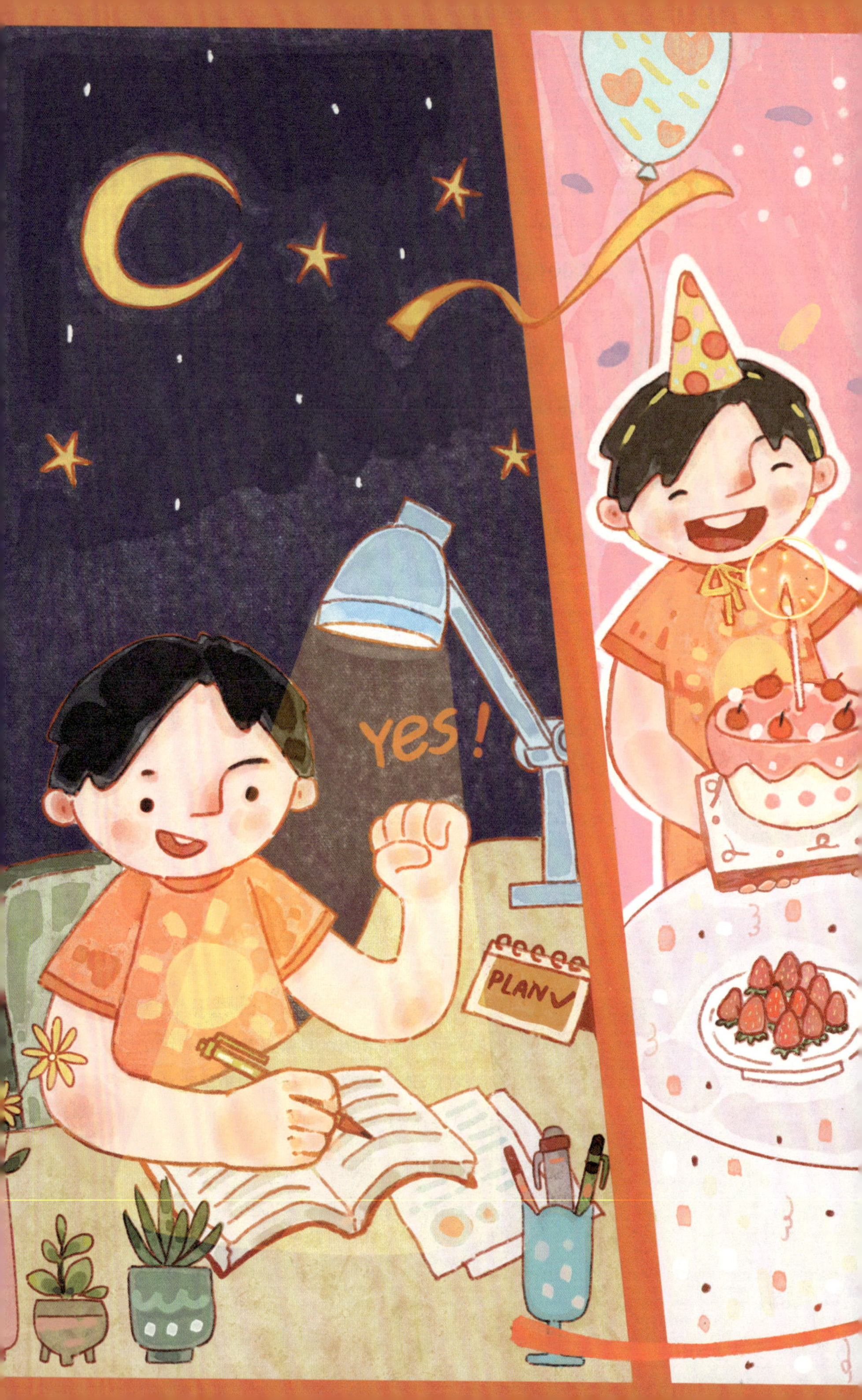
YES!
PLAN

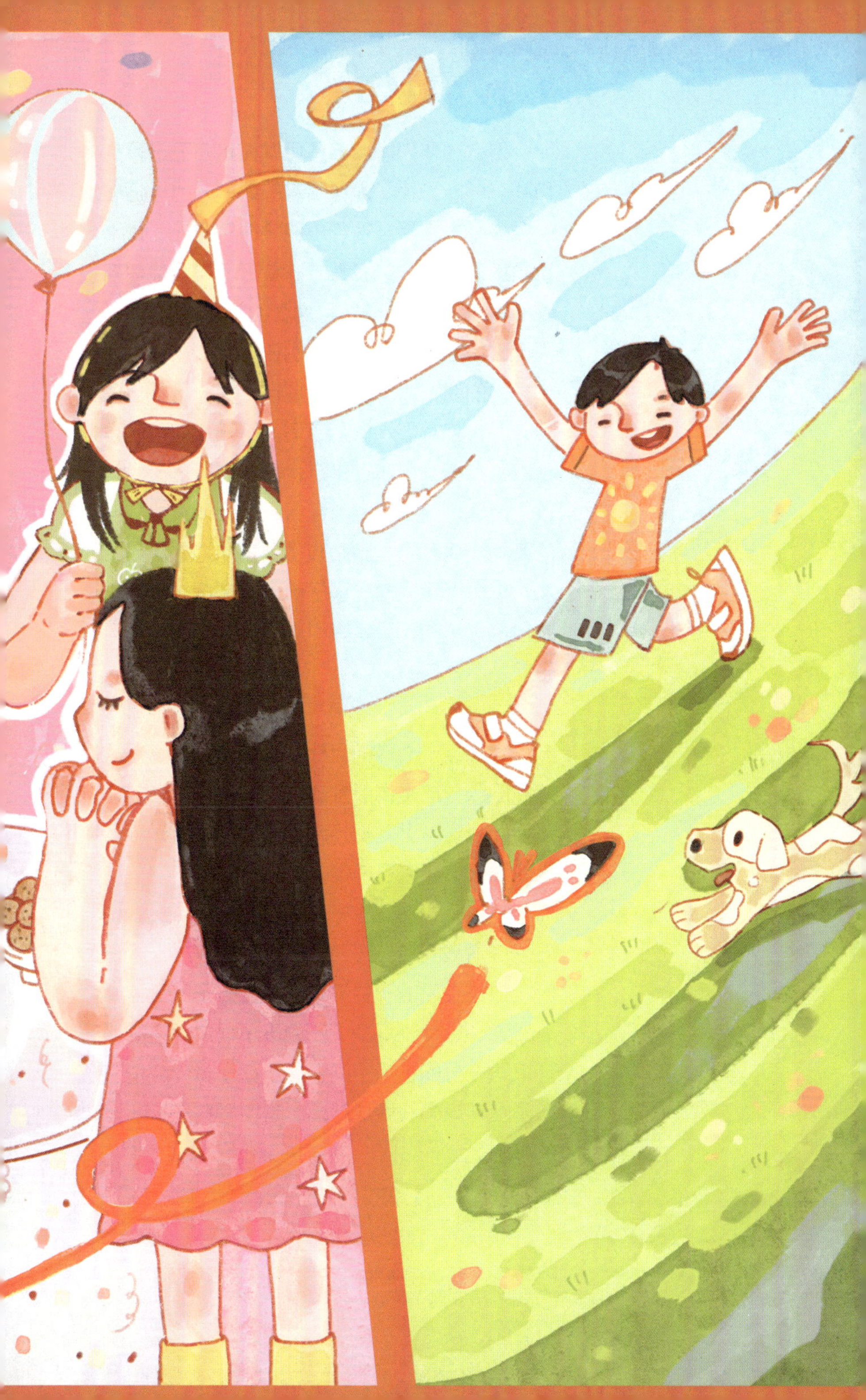

但是，作为家长，是可以在这方面进行支持和补充的。当孩子遭遇困难的时候，可以适时地引导孩子去选择难度更小的挑战，例如，做一做更简单的题目，或者看一看参考答案，想想自己能不能理解。若孩子觉得现在的学习任务太简单，则可以给他更多的挑战，例如，让孩子尝试先自学后面的课程，承诺他完成自学后，可以自由支配时间，去做喜欢做的事情。这一点对孩子是很有吸引力的，同时也是符合教育逻辑的。当一个孩子能够提前完成学习任务，就会拥有更多自己的时间。这其实是激励孩子更主动地去学习。当然，你可以根据自己孩子的实际情况，来给出适合自己孩子的、具有吸引力的挑战，因为每个孩子都是不一样的。

"让孩子面对的目标，是孩子努力一把就能达到的"，这是调节挑战难度的奥秘所在。通过这样的方式，可以弥补学校教学顾此失彼的遗憾，也能让孩子在学习过程中始终收获成就感。

**总结：** 游戏与学习有很多的共通点，或者说，游戏也是学习的一种形式。关注孩子的三种本能（探索、社交、竞争），为孩子提供安全的学习环境和充分的试错空间，并给孩子多元评价，帮孩子在学习中获得成就感，是引导孩子专注学习的核心。

### 评价标准

**合格：** 孩子无论学习成绩如何，都不害怕把考试成绩给家长看，不害怕与家长谈论自己和其他孩子的学习状况与成绩。

**良好：** 孩子能够用更开放的心态看待学习，知道学校学习只是学习的一部分（包括时间和空间层面），客观看待自己和同学、朋友的学习状况，并能够给出对应状况的原因，以及可能的调整方案。

**优秀：** 孩子开始热爱学习本身，并乐于分享学习的乐趣，主动与家长以及其他人分享自己在学习中的心得，分享自己在学习中取得的各种收获，希望家长也能了解对应的知识，甚至带动家长学习一些年轻人拥有的新知识。

**你记住了吗？**

**Q** 如何让孩子像玩游戏一样专注学习？

**A** 关注孩子本能，为孩子提供安全的学习环境和充分的试错空间，并给孩子多元评价，帮孩子在学习中获得成就感，是引导孩子专注学习的核心。

## 游戏可以成为亲子沟通与学习提升的催化剂吗？

在恰当的情况下，游戏可以成为亲子沟通与学习提升的催化剂。下面提供一些具体案例，供大家借鉴——

◆ **例子 1：** 孩子学习成绩很差，在学校经常被老师批评；一旦考试考得不好，就躲进房间通宵玩手机游戏。

怕犯错的孩子往往缺乏安全感。在不安全的情况下，孩子无法进入学习状态。他们常常担心在学习中犯错会得到惩罚，而在游戏中不会。其实，学习本身并不忌讳犯错，反而需要通过犯错来积累学习经验，所以家长要想让孩子产生学习热情，就要细心保护孩子的安全感，允许他们犯错。而给孩子提供安全感的最好方式就是向他们表达爱。

家长要尽量淡化学习成绩给孩子带来的负反馈,并从多方面鼓励他,给予他足够的安全感。家长可以将游戏与学习联系起来,告诉孩子,游戏里他可以百折不挠,学习上同样可以;再强调不管孩子在学校表现如何,父母都爱他,都觉得他是最棒的。

◆ **例子 2:** 孩子不想上学,觉得上学都是为了家长和老师,表示想当电竞选手,按照自己的想法走人生之路。

> 我就要做电竞选手!

孩子的这种想要自己定义人生的叛逆,可能是因为日常生活中家长给的选择权太少了。游戏中虽然有许多限制和规则,但在做关键决策时,总会给玩家一定的选择空间;而现实中,家长常常要求孩子按照成人定的标准和目标去学习。孩子只有在自主选择的情况下做出决定,才会让自己获得成就感。

所以，家长要想让孩子产生学习动力，就要给孩子选择的权利。不是要孩子从学习和游戏中二选一，而是告诉孩子——他完全可以两个都选，父母会全力支持他的决定，但是无论他做任何选择，对他的要求都不会降低。如果他选电竞，家长会按学习的要求来监督他进行电竞培训。做电竞选手，不仅仅是会玩游戏就能行的，也要学习和积累很多知识。

◆ 例子 3：孩子一玩游戏就来劲，一学习就提不起精神，还说自己不是学习的料，反正学了也是浪费时间，以后只要能做游戏代练（帮人打游戏升级，从而获得相应报酬的工作），养活自己就行了。

孩子表示自己不是学习的料，很明显是在学习上遇到了许多挫折，不敢继续前进，继而把学习成绩与自己的天赋进行了过度的关联。游戏中得到的评价都是基于玩家的操作，但学习中得到的很多评价会上升到人格的层面。在游戏中失败，孩子感受到的是困难和挑战；而在学习中失败，孩子感受到的是羞辱和打击。家长如果希望孩子能够不断试错、不怕困难，需要注意日常教育中是不是做到了对事不对人。

当孩子觉得自己天生学习就不行时，家长可以和他讨论，面对游戏中的困难时，他是如何一直进步的——让他意识到世界上没有哪件事情是容易的，都要靠不断挑战、不断失败、不断反思才能进步。不要去在意所谓的学习天赋，只要每天进步一点点，慢慢就会好起来。

## 你记住了吗?

**Q** 游戏可以成为亲子沟通与学习提升的催化剂吗?

**A** 在恰当的情况下,游戏可以成为亲子沟通与学习提升的催化剂。家长可以将游戏与学习联系起来,告诉孩子,游戏里他可以百折不挠,学习上同样可以。

家长不是要孩子从学习和游戏中二选一,而是告诉孩子——他完全可以两个都选,父母会全力支持他的决定,但是无论他做任何选择,对他的要求都不会降低。当孩子觉得自己天生学习就不行时,家长可以和他讨论,面对游戏中的困难时,他是如何一直进步的——让他不要去在意所谓的学习天赋,只要每天进步一点点,慢慢就会好起来。

## 爱玩游戏，能把游戏作为职业发展方向吗？

一些家长朋友询问："我家孩子很喜欢玩游戏，他适合进入游戏行业吗？"下面，我们就来分析一下，游戏能否作为孩子未来的职业发展方向，以及为了进入游戏行业，孩子要做哪些准备。

### 游戏玩得好 = 能靠玩游戏赚钱？

首先，靠游戏营生不等于靠玩游戏营生。靠玩游戏营生，大家通常会想到两种职业——职业代练和职业电竞选手。

很多孩子都认为职业代练是一个门槛很低的工作，如果以后找不到工作，至少还能做代练保底。但实际上，职业代练没有想象中那么好赚钱，既辛苦又不自由，收入也很不稳定。真实的工作状态更像是流水线作业一样的重复劳动，通过上万次的重复训练，让自己能够适应游戏升级逻辑，来帮别人快速升级，获取装备。在当下，游戏代练甚至连工作的合法性都得不到保障。

而职业电竞选手的门槛更高，想要成为一名合格的职业电竞选手，天赋、努力，缺一不可。就像职业运动员一样，职业电竞选手也需要长时间的重复训练。我们看到的知名电竞选手都是万里挑一的，低薪、欠薪、转行才是大部分职业电竞选手面临的真实问题。况且目前国内电竞选手的职业体系尚不健全，职业年龄黄金期短，退役后转型困难。

虽然我们常说可以趁年轻多尝试不同的职业，在这个过程中逐渐找到自己擅长的领域再深耕，但家长也要协助孩子认清这一职业选择所面临的困难和风险，让孩子认清自己是否具备成为职业电竞选手的素质和毅力。

### 游戏从业者需要具备哪些能力？

实际上，大多数时候我们所说的靠游戏营生，是指在游戏行业中从事相关工作。游戏行业当中包含的工种多得超乎人们想象。

以游戏研发阶段举例，过程中需要制作人、策划、美术、程序、音效和测试等不同工种参与。游戏制作完成后，还需要游戏运营、市场、平台渠道、硬件维护，甚至还有网络主播等工种参与。

不同的工种对于专业技能的要求也存在较大的差异。

大家可能会以为做游戏策划只要学好文科，提供好玩有趣的游戏玩法，写好精彩的剧情就行了。实际上，游戏策划这个工种还可以细分为：系统策划、数值策划、文案策划、运营策划、用户体验（UE）策划等。数值策划，需要有一定的数学、统计学、经济学的基础。运营策划，则需要了解心理学、传播学、市场营销等方面的知识。UE策划，最好具备工业设计和交互设计的基础。

程序员也不是只要理科学得好就行，比如我们常用的编程语言都是基于英文的，想要成为一名优秀的程序员，英语也不能差。游戏程序分成前端和后端。前端也叫作客户端，常用的编程语言以 C#、Lua 为主。后端也叫作服务器端，对计算机网络技能要求更高，编程语言上则以 C++ 和 Java 为主。

游戏美术工种就更多了，2D 向的美术设计有游戏界面（UI）、角色原画、场景原画、2D 特效、美宣设计等；3D 向的美术设计有 3D 模型、3D 渲染、3D 动画、3D 特效等。这些工种对于设计的底层能力——色彩、造型、审美等都有比较高的要求。3D 向的美术设计对软件使用要求也比较高，需要长时间实操演练，才能掌握。市场上关于游戏美术设计的培训班很多，不要相信速成，专业技术没有几年的时间积累是很难吃透、做到专精的。

虽然以上工种的工作内容差别很大，但通过这些工种的团队合作，一款游戏才能诞生。因此，除了上面提到的专业技能，游戏从业者还需要具备良好的沟通、理解能力和团队合作精神。

**成长没有捷径，玩游戏轻松不代表从事游戏行业轻松**

很多孩子觉得玩游戏很轻松，因此觉得制作游戏也很轻松，想要加入游戏行业。但营生之事，没有一件是轻松的。如果孩子能仔细研究一些知名的游戏制作人，回顾他们的职业史，就可以看到他们是怎样从行业小白做起，不断创作，不断总结，不断研究，经过十余年的累积，才取得现在的成就。只有对游戏真正充满热爱的人才能坚持下来。

除此之外，游戏从业者还需要具备一定的专业技能，综合热爱和技术，才能找到自己的专属岗位。

那么，孩子通过游戏营生究竟靠谱吗？

我们要看孩子的动机是什么。若孩子只是为了逃避学习，自以为可以光靠玩游戏年入百万，遇到困难就马上放弃，那么这显然是不靠谱的。

真正想要通过游戏营生的孩子，不会放弃学

习，反而会坚持不懈、砥砺前行，对游戏进行深入研究，并为之学习更多的知识。

虽然游戏行业相比其他传统行业还比较年轻，但目前游戏行业的市场规模和收益都在不断增长。欢迎真正热爱游戏的孩子以此为志向，主动学习更多技能。在玩游戏的时候，也可以思考自己究竟在玩什么，游戏设计者为什么要这样设计，以及自己想要制作什么样的游戏。

在我们小时候，能玩的电子游戏很少，比如：俄罗斯方块、推箱子、电子宠物。至今，我们还能想起游戏带给童年的欢乐。现在的孩子可以选择的游戏更多，游戏是学习和生活的调味剂，能给孩子带来快乐，但一定要适度！要让孩子知道，千万不能因为喜欢玩游戏就草率决定以后想通过游戏营生。真正热爱、想要创造伟大游戏的人，需要具备终身学习的能力。

## 你记住了吗？

**Q** 爱玩游戏，能把游戏作为职业发展方向吗？

**A** 靠游戏营生不等于靠玩游戏营生。靠游戏营生，是指在游戏行业中从事相关工作。游戏行业当中包含的工种多得超乎人们想象。不同的工种对于专业技能的要求也非常不同。除了专业技能，游戏从业者还需要具备良好的沟通、理解能力和团队合作精神。

家长要协助孩子认清这一职业选择所面临的困难和风险，让孩子认清自己是否具备成为职业电竞选手的素质和毅力。千万不能因为喜欢玩游戏就草率决定以后想通过游戏营生。真正热爱、想要创造伟大游戏的人，需要具备终身学习的能力。

# 后记

在本书中,我们共同探讨了如何引导青少年树立健康的游戏观念,以及提升青少年游戏素养的重要性。我们希望通过本书的讨论与建议,使青少年成长过程中的核心相关方,掌握正确引导青少年的方法与能力,帮助游戏素养教育实现可持续发展。

游戏是青少年的乐趣来源之一,更是他们社交、学习和发展技能的空间。因此,我们呼吁家长与孩子一起成长,邀请家长参与到孩子的游戏世界中,学习如何将游戏变成积极、正向的工具,了解游戏、引导孩子,而不是回避或恐惧游戏。我们坚信,通过本书的引导与家长的努力,我们可以为青少年打造一个更加美好的数字生活空间。让他们在安全和欢乐的环境中探索、学习和成长。共同理解和接纳游戏的正向价值,营造更加健康和谐的社会环境。

我们衷心感谢所有为本书提供案例素材和理论支持的专家学者，你们的智慧与见解是"游戏素养计划"的学术基石。还要感谢为项目推进、产品升级迭代提出建设性意见的青少年事务社工们，是你们辛勤的付出和宝贵的意见使我们能够不断前进。最后，感谢所有参与本项目的广大青少年和家长朋友，因为有你们的参与，"游戏素养计划"才被真正赋予生命与意义。

# 别让游戏控制孩子

## 父母的干预攻略

# 附 录

## 游戏素养工具箱
### ——《游戏英雄物语》工具包

《游戏英雄物语》是"游戏素养计划"专为青少年设计的一款桌游形式的工具包。公益组织、社区和学校若有需要，可免费申领，使用这套工具包为青少年开展游戏素养教育。

1 张地图
5 个任务
3 个工种
43 种超能力

孩子可以在这样一个"设计游戏"的游戏中，了解游戏的制作过程，理解游戏背后的逻辑和价值，并通过团队合作，设计出自己的游戏原型。

在寓教于乐的同时，孩子也可以提升团队合作、沟通、思维和自我表达能力，并锻炼解决问题的能力。当孩子变成设计者时，他会将自己对生活的观察、对社会问题的思考融入游戏作品中。透过孩子自己设计的游戏作品，你会看见他的内心世界，以及他对世界的探索和思考。

游戏素养工具箱里包括 4 套《游戏英雄物语》、马克笔和白纸等互动材料。任何人都有可能成为青少年游戏素养教育的引导者，打开箱子就能在社区或学校开展一场游戏共创工坊活动。

扫码了解更多

图书在版编目（CIP）数据

别让游戏控制孩子：父母的干预攻略 / 波克公益编著 . -- 杭州：浙江教育出版社，2024.9. -- ISBN 978-7-5722-8467-0

I. G782

中国国家版本馆 CIP 数据核字第 2024AR0803 号

**别让游戏控制孩子：父母的干预攻略**
BIE RANG YOUXI KONGZHI HAIZI：FUMU DE GANYU GONGLÜE
波克公益 编著

| 责任编辑 | 王方家 | 文字编辑 | 骆 珈 |
|---|---|---|---|
| 美术编辑 | 韩 波 | 责任校对 | 操婷婷 |
| 责任印务 | 沈久凌 | | |

| 特约策划 | 嘎嘎艺术星球 | 特约编辑 | 黄密密 |
|---|---|---|---|
| 整体设计 | 蒋栋铭 | 插画绘制 | 芸积雨 |

| 出版发行 | 浙江教育出版社（杭州市环城北路 177 号） |
|---|---|
| 印刷装订 | 浙江影天印业有限公司 |
| 开　　本 | 889mm×1230mm 1/32 |
| 印　　张 | 4.75 |
| 字　　数 | 100 000 |
| 版　　次 | 2024 年 9 月第 1 版 |
| 印　　次 | 2024 年 9 月第 1 次印刷 |
| 标准书号 | ISBN 978-7-5722-8467-0 |
| 定　　价 | 48.00 元 |

如发现印、装质量问题，影响阅读，请与本社市场营销部联系调换。
联系电话：0571-88909719